從零開始賺一億 3

從觀念到實務
讓你也可以從零開始賺出富裕成功的人生

億萬房產集團創辦人
呂原富——著

前言：信守承諾，我再次和您分享

　　一個想追求成功的人，如何達到他的目標？一個很具體的方法，就是公眾承諾。

　　有的人會在每年元旦許下心願，立志今年要完成哪些目標；有的人會在記事本上條列待辦的事情，然後每完成一件打個勾，希望全部達成；有的人甚至在廟裡立誓，要求自己今年要朝哪個方向邁進。

　　但不管是心願、記事還是立誓，這世界上最有「督促」效果的目標設定法，仍然是公開承諾。

　　我，呂原富，不但多次在公開場合對眾人說我要幫助更多人買屋致富，也告訴眾人我要積極的公眾演說，傳達正確的投資購屋致富理念。並且我直接將理念印成書本，每隔一到兩年就將最新的成長記錄化成文字，公

諸於世。

　　我的理念是一貫的，我的事業更加蓬勃，幫助越來越多的人，這些事也都是可以驗證的。就如同我在第一本書裡承諾我要公開演說幫助人，當時我還只是個尚無大型場合演講經驗、甚至上臺發言都還很不自然的小小仲介公司老闆，但如今我已經全省演講超過數千場，我承諾要幫助的人，也已經達到數萬人。

　　我在第二本書裡也預言，跟隨趨勢走，投資桃園地區房市，將會很有前景，事實也已證明，我所說的都已經一一應驗。

　　兩年前若讀者在我的新書出版時買書，並且依照書中建議在桃園區買房，依照現在的桃園區房價行情，當

時投入這市場的人，雖然至今才短短兩年，但每個人的獲利都至少幾十萬元，甚至上百萬元了。

我只說我做得到的，並且我會讓你看見，我不光是口頭講講，而且我還身體力行。直到今天，我的事業組織已經發展為集團，但我仍是那個幾乎全年無休、每天最晚離開公司、永遠認真在第一線打拚的人。

這是我的第三本書了，我又做了哪些承諾、哪些預言？曾經不相信我或心存觀望的人，這一回，你是不是真的要相信我的建議？只要透過專業，以全方位思維重新來看買屋賣屋，想要靠投資房地產創造富裕人生，真的不會只是夢想，而是確實可以做到，我也已經真正協助上千學員達到了。

　　這不只是我的願景希望，這更是我的公眾承諾，本書我再次表達我要幫助更多人的誓言。

　　不論你過往是一貧如洗，還是茫然找不到人生方向，我，呂原富藉由本書，再次公開承諾，我願幫助你改變人生。

　　你想要改變自己嗎？想要讓你的夢想真正實現嗎？

　　你可以信賴我，以及我的億萬房產集團。

　　這是我的承諾，也是你可以信賴的未來。

億萬房產集團創辦人
呂原富

目次 Contents

第一篇

基本認知篇：
唯有學習才能致富

第一章　保證成功，是有通則的

　　大家都想追求成功，但什麼叫成功？什麼又是最好的方法？

　　許多時候人們想要找到一勞永逸的方法，或者找到一體適用的終身準則。實務上，我可以跟各位讀者說，世界上絕對沒有一體適用的「通則」，但有「最適合你自己」的信念，以及植基於「客觀現實」的應用。

　　更沒有所謂一勞永逸這樣的好事，就算是曾經成功站上巔峰的人，也都還要小心翼翼的因應未來發展，因為此時此刻成功，不代表明天依然成功。

　　這是每個熱愛閱讀學習但又常感到困惑的人都必須知道的事，所謂「盡信書不如無書」，如同我在每本書上和讀者分享的，我會傳達基本的信念、結合我成功的

歷程，我也會提供實際上如何具體落實的建議：

1. 信念可以是共通的，沒有對或錯，但看是否能夠與你的理念相結合。好比說經營之神王永慶的成功信念，和奇美實業總裁許文龍的成功信念就完全不同，但卻各自成就他們的事業。所以信念本身可能只是某種教條，就看每個人是否能將這些信念活用後化為成就。

2. 客觀事實是無庸置疑的，數字就是數字。就好比我說桃園區房價漲了多少，這不是理論，也不是期許，而是已經真正發生了，有公開數字可供驗證（查詢內政部實價登錄，從 2016 年至 2019 年，桃園區房價每坪平均上漲了 2 到 3 萬元）。而植基於這些事實所發展的延伸，也就有憑有據，同樣可以受到公眾評論與檢視。

3. 歷程與建議，則是一個過來人真正的實作，等於說一條路是坎坷還是平順，已經有前人先探

勘過了，站在這樣的角度與後人分享，可以讓他們少走冤枉路。這無關信念，而是真正的經驗傳遞，願意學習、聽話照做，或者和前人諮詢的人，就可以更有效率獲致成功。

站在這樣的基礎上，讓我們一起朝「從零到一億」的境界邁進。

⌂ 打破錯誤的購屋迷思

在談到房地產投資前，會講到這麼一段前言，是因為在學習場域裡，普遍有一些迷思。

一、房地產投資領域，理論與事實可以符合嗎？

有些坊間的名師，很擅長在白板上勾勒「理論」，但講師本人卻沒有實務經驗，就好像許多大專院校裡教導企管理論的老師，本身沒有經營過企業。房地產領域的很多老師，則是自身經驗有限，但要指導成千上百不

同狀況的學生，「一體適用」他上課所教的理論，若不結合具體實務，這樣的做法是有待商榷的。

　　我的教學做法，認為房地產投資，雖然有些基本通則，例如買低賣高、與房仲朋友結善緣、看屋前先看周邊環境等等，這些是放諸四海皆準的道理。但站在這些通則上再來落實的具體應用，卻真的不該說能夠「一體適用」，而必須在有條件的前提下才適用。

　　以我自己旗下的培訓單位為例，我們的做法是一對一個案輔導，並由我以及領導團隊親自帶領實作，如此才能真正理論與實務兼顧。畢竟，每個人的個性以及他們選擇想要投資的區段都不同，適用學員甲的狀況，不見得適用於學員乙。

二、投資房市一定會賺大錢嗎？

　　這又是一個很普遍的迷思，甚至有人會問：「呂總，你過往不是都出版書籍鼓勵讀者購買房子嗎？但為何後

來有人投資失利呢？」

這裡我要鄭重聲明，投資房地產，絕非有投資就一定賺。如果真是這樣，那麼大家都不用工作，拿錢投入這「百分之百」獲利的事情就好。

實際上，我說的是投資正確的地點，依照我說的流程，就保證可以成功。就算如此，這中間牽涉到有些專業，個人單打獨鬥不一定可以照顧得到。就拿最基本的「買低賣高」這件事為例，說起來容易，但你「找得到」低價物件嗎？相對的另一件事，你想「賣高」，但光想賣就賣得掉嗎？

同樣的，我們要懂理論，但實作的時候，基本上建議讀者要找專業的團隊協助。如果只憑著似懂非懂的想法，單純以為反正「買低賣高」就對了，單槍匹馬闖進房市，之後沒能賺大錢甚至賠錢，就不該把責任推拖給任何的房地產教戰老師。

下面就來說說，具體的實例。

⌂ 不是買屋一定漲，是選對地方才會漲

　　2016 年，我的第二本書出版時，在書裡就曾公開表示，投資桃園區配合捷運發展，將可以帶來成長獲利。

　　如今幾年過去，這些話真的應驗了。當初跟隨我書中建議，也真的投資我所推薦地區的朋友，都已經感受到投資上漲的實際好處。

　　但還是有朋友會來找我說：「呂總啊！我也有投資桃園，但結果卻房市大跌，我的狀況不妙呢！」細問他到底投資哪裡？答案是投資桃園青埔。他們會說：「呂總，那裡不是同樣有捷運經過嗎？你不是說捷運沿線『一定會漲』嗎？為何後來卻不是那麼回事？」

　　這位朋友沒有真正了解我強調的投資重點。

　　我要再強調一次：

　　捷運綠線以及人口紅利會帶動桃園區的房市上漲，是桃園區而已，而非有捷運就一定漲。事實上，捷運藍線沿線前些年已經漲一大波了。

　　真的，要記住「不是捷運沿線一定漲」，所謂漲一定要有前提，那就是要選對正確的區域，不但要符合我說的捷運沿線，還包括具備人口紅利，以及相應的都市發展基礎。

　　因此，我所強調一定要買的，不是整個桃園市，而是著重在「桃園區」，更不是全臺有蓋捷運的周邊地段就去買。好比臺中市、高雄市和雙北這四區都有捷運，但捷運興建卻不一定符合以上所界定的上漲前提。

　　但為何大家總是有種錯覺，認為「捷運就代表必漲」呢？那是因為曾經有段時間，臺灣的房市處於榮景。說實在的，在那樣的時候，不論是不是專家，只要把錢投進去，買了任何房子，幾乎只要等著漲就好，差別在於賺多賺少而已。然而，當景氣變差了，房市榮景不再，這時候才是看出真本事的時候。

　　做個比喻，當處在榮景的時候，就好像在漲潮的海邊，人人都在海邊泡水，大家都只露出頭部，享受海水

浴的樂趣。只有當退潮的時候，才一個個現出原形。原來有的人沒穿泳衣或者身材過胖，當少了海水做支撐，大家才看得到真相。

　　房市投資也是如此，處在房地產行業的人都知道，2014 年是個重要分水嶺。在此之前，有長達十年的房屋上漲榮景，就是所謂「就算閉著眼睛，也能靠房屋買賣賺得到錢」的時候，這時候任何房市專家說什麼都是對的，反正有投資就一定賺錢。

　　但 2014 年後才是實力見真章的時候，事實證明，當房地產榮景不再後，市場一片哀嚎，倒了一大半的房仲公司。而我本身的房地產事業不但仍屹立不搖，反倒在這樣的時刻，我還拓展了培訓事業，目的是幫助想投資房地產的朋友，能夠真正的獲得財富。

　　所以我再強調一次，投資房屋不是買了一定漲，那樣的時代已經過了。但只要選對地方，好比我書上推薦的地方，那才是一定漲。

⌂ 沒有「一定」，只有「抓住客觀事實」做出的判斷

我們繼續來探索房市實際的情況，2016 年，也就是我第二本書出版的那一年，不論是透過書本或者實務上在我的投資團隊裡，我已經在宣導，桃園區的房屋可以買進。到了本書出版時，也就是 2019 年，桃園區的房屋均價每坪已經上漲了 2 到 3 萬元，而這還只是「剛開始」而已。

為何說「剛開始」？因為真正帶來利多的事件，「捷運綠線動工」，正是在 2018 年 10 月。

以下就是 2018 年 10 月 15 日，由桃園市長鄭文燦主持正式動工，並由政府公開宣布的捷運綠線資訊：

桃園捷運綠線 GC01 標高架段（南段）土建統包工程開工，全長 9,752.4 公尺，預計設置 7 座高架車站，其中八德將設有 2 個高架車站，蘆竹

設有 3 個高架車站，總工程經費約 127 億 9,500 萬元，預定工期 7 年，2025 年正式通車。

　　也如同鄭市長所強調，捷運動工是相當不容易的，走了 10 年，才從規劃圖走到動工。這過程需要經過多項程序，包括：可行性報告核定、環評通過、綜合規劃核定、工程會經費審議核定、中央和地方編列預算、工程專案管理及監造標、獨立驗證及認證標、機電標、土建標發包等 9 個程序。

　　10 月 17 日將在蘆竹舉行高架北段的動工典禮，11 月也會完成地下段的發包，感謝市府團隊夥伴，讓大建設在有遠見、有魄力的規劃下，透過執行力克服各項困難，市府會用最大的決心、最嚴謹的態度，讓桃園進入捷運建設的時代。

　　　　　　　　　（參考資訊來源：自立晚報）

　　當初看我的書並且真正進場投資的，都開始賺了。
但如同我一再強調的，絕不是因為「在捷運沿線購屋一
定賺」，也不是「任何時刻」只要進場買屋，就可以等
著獲利。

　　買好屋就如同人生立志般，沒有放諸四海的通則，
只有依據客觀情勢做出專業分析後的投資，並且在專家
引領協助下，以正確的作法來投入，才可以達到獲利。

　　本書一開始，要讀者務必認識這樣正確的觀念。

　　並以此為基準，進入投資學習領域。

第二章　為何要成為房地產贏家

本書前面已經開宗明義表明，我希望閱讀這本書的是想要追求成功的人，也就是想要改變自己的人。

有人問：「呂總，如同你說過的『成功沒有一定的標準，要達成目標也不會有一定的通則。』那麼你為何總是聚焦在『房地產』這件事呢？投資房地產能夠成功，這算『通則』嗎？」

⌂ 找出一體適用快速賺錢的模式

必須說，是的，「正確」投資房地產，比較可以快速達到成功，這是「通則」。會這樣說，不是因為自己從事這一行，所以「老呂賣瓜，自賣自誇」，而是根據客觀的事實驗證。

的確，若以「速度」來說，投資房地產「絕對是」達到成功最快的方法，以下就來具體說明：

我們都同意，成功的定義可能人人不同，但不可否認，大部分人設定的成功標準，最終都還是可以用「金錢」來做衡量。也就是說：

一個人更快速地賺到大錢＝一個人更快速地達到成功

這個道理，客觀上是可以被認可的。

若聚焦於「快速」賺錢這件事，那麼我這裡也不一味地拉抬自己的產業。我們可以客觀公正的請大家舉出各種實例，有什麼方式，可以讓一個人在較短時間內獲致最大的金錢報酬，並且這件事要符合以下要件：

一、不涉及非法及不道德

也就是說像是詐騙保單、搶劫銀樓這類透過犯法「快速致富」的事不能算。鑽法律漏洞，或者技巧性獨占祖先遺產……等等，這些行為雖不一定違法，但是違背良心的事也不算。

二、可以長時間適用

我們可以拿出各種理財工具來做評比：有人買期貨大賺一筆，但他「每次」都能這樣嗎？有人買股票變成富婆，但她「每買必賺」嗎？同樣的，有人開店賺大錢，有人做貿易賺大錢……，這些你都要問同一個問題：「這回有賺，下回也一定會賺」嗎？

三、可以適用所有的人

有的事業真的可以賺大錢，例如郭台銘拚出鴻海版圖，成為臺灣首富。但換做是另一個人，給他和郭董一

樣的創業資源、一樣的成長環境，他就可以比照辦理，
也拚出一個鴻海集團嗎？

　　同樣的道理，有人從事保險業，進入百萬圓桌俱樂
部；有人從事傳直銷，成為年收千萬元的高聘。但他可
以成功，就代表每個人比照辦理都可以成功嗎？

　　只要不能一體適用，就不符合真正可以推薦「快速
賺錢」的標準。

　　我們都知道，讓錢進到自己口袋有兩種基本方式，
一種是靠「工作賺錢」，一種是靠「錢滾錢」，也就是
投資理財。

　　我沒有刻意偏袒房地產是最佳的理財方式，但事實
證明：

1. 用「工作或事業」來賺錢，我們可以看到除了
   創業當老闆、從事業務工作（如保險、傳直銷
   等），或者本身工作就是金融投資、影劇或運
   動明星以及極罕見的專業（如冒險家、精算師、

奈米手術醫師等）少數行業外，很少有「一般人」可以真正參與且「快速」賺錢的模式。這些賺錢模式，都只有真正菁英可以成功，大部分的人無法比照辦理。

2. 用「錢滾錢」的方式賺錢，就如同那句我們常常聽到的廣告警語般：「投資一定有風險，投資有賺有賠，申購前應詳閱公開說明書。」不論是股票、基金、期貨都是如此。

綜上分析，所以我們能做出「正確投資房地產」就能快速成功的結論。這一點，我們也歡迎讀者提出任何其他實證的反駁。

🏠 重點是要快速地賺錢

相信讀到此，很多讀者已經感到不服氣，迫不及待想要表示抗議了。

第一句要問的肯定是：「呂總，你自己說的，要長

時間且適用所有人，但我們明明就經常看到有人投資房地產慘賠，這不是打臉你的理論嗎？」

是的，正如同有人買股票、買基金慘賠一樣，我們也知道有很多人投資房市慘賠。但請注意，如同我在第一章所強調過的一樣，我反對「投資房地產一定賺錢」這樣的說法。但我要再次聲明的是「正確的房地產投資」，保證可以幫助一個人快速賺大錢，並且追求自己想要的成功。

我也知道讀者接著要反問：「呂總，你說『正確的』房地產投資，那任何的投資都可以這樣說，例如『正確的』股票投資、『正確的』期貨買賣祕訣等等，這樣說聽起來沒有意義。」

是的，這就講到重點了。我之所以可以提出「正確的」房地產投資，正如同我敢出書公開我的論點一樣，我保證，照我說的做法，任何人都可以靠房地產為他們自己賺到財富。

　　同時間，我們可以反問所有的理財專家，不論是股票專家、期貨專家或選擇權專家，他們若也一樣可以提出所謂的「保證」一定成功，也就是提出「正確的」理財方式，自然也符合可以讓人人快速賺錢的理論。

　　但實務上我們都可以看到，除了房地產外，其他投資工具並沒有辦法能這樣保證。事實上，依照《銀行法》規定，任何的投資理財工具一旦宣稱「保證獲利」，這樣是非法的。

　　而我們的房地產，雖說是理財工具，但實務上房子是一種可以自住也可以增值的不動產買賣，所以不是純粹的金錢操作工具。但同時，房地產卻真真確確的能因應市場趨勢，能有增值空間。這是合理且合法地，在配合國家經濟成長的同時，也增長自己的財富，跟「投機性」概念的理財商品，如股票、期貨等概念不同。

　　回歸主題，綜觀所有藉由財富改變自己的方法中，**房地產投資還是最佳的「翻身」考量。**

　　我相信大部分人都需要「翻身」，因為很少人能夠單靠現在的工作收入，真正滿足自己的內心願望。只有當上班族轉型為高階業務，或者平民百姓正確投資理財讓財富翻倍等等方式，才可能真的讓生活翻身。

　　我寫這系列書的使命，正就是要幫助想要翻身的人「快速」翻身。畢竟，許多的致富方法，好比說從事業務銷售，或者參與組織行銷等等，有的是翻身需要太久的時間（例如業務工作），有的是翻身這件事不是人人一體適用（例如從事傳直銷登上高聘）。

　　緊緊抓住「快速」這個關鍵字眼，這是所有想要投資房地產的人，內心要記住的。

　　人生最寶貴的資產，排名第一的絕不是金錢，而是時間、健康、親情等非賣品。而「時間」是如此的寶貴，我們禁不起「得花費一輩子才能致富」這樣的代價。

⌂ 最佳房地產投資代言人

談起「快速的致富」，我們的結論是，一個人要成功，最快的方法，就是去當一個房地產贏家。

但聰明的讀者們，想必還要追問一個問題：「呂總，為何你那麼篤定，你提出的方法是『正確的』房地產投資方式？」

答案很簡單，也非常有說服力。

那就是，我，呂原富，不是理論派的公眾演說講師，而是真正實戰做出房地產成績的人。並且可以保證，放眼全臺灣，少有像我這樣投入這領域超過十年，真正做到讓自己快速從負債千萬元翻身（並且不只一次，而是有兩次從負債千萬元翻身再次成為億萬富翁）。

我也敢保證，以本書聚焦的主題——桃園區房地產來說，全臺灣再也沒有第二個人跟我一樣對這裡的房市那麼熟悉。我的專業名聲在桃園房仲業無人不曉，我已經做到，不論我去看哪個房子，不需上網查資料，就可

以最快速地估出正確的房屋價值。

　　基本上，我本身就是印證房地產致富最佳的人選，因為：

1. 我的人生經歷過大起大落，最落魄時負債超過1000萬元。

2. 為了改善人生，我不得不想辦法「快速賺錢」。

3. 因此，我也實際經歷過包含以專業技能賺錢、做業務賺錢、投資理財賺錢等不同模式的快速賺錢法。

4. 因為這些實際經歷，我的種種賺錢模式「比較」，都不只是理論，而都有事實作根據。

　　我的人生經歷，帶給我從事這一行最佳的代言身分。因為少有人既是平凡出身，又能在負債累累下，真的做房地產事業，成就如此的成績，並且創立了自己的250人房地產團隊。

我也要分享我的內心思維，給每位讀者：

> 本來我以為我們一般人的一生，應該從 20 歲開始出來工作，工作了 40 年後，如果在 60 歲可以存幾百萬元退休，感覺這輩子應該會很開心。
>
> 本來我以為 29 歲負債 1000 多萬元，我再不可能有機會翻身，像我們這種平凡人，可能要被銀行追債，躲躲藏藏過一輩子。
>
> 本來我以為白手起家，不會發生在我這種平凡人身上，那是書中主角才會發生的事情。
>
> 但自從我投入房地產，學會投資後，我才發現，只要找對方法，人生就一定可以翻轉。

曾經我的目標是一年要拚個幾百萬元好還債，現在呢？我常在講臺上對大家說：「幾百萬元？不要開玩笑了，所謂幾百萬元，現在對我來說，那是我『一個月』

基本要賺到的錢。」如今我擁有 58 間房子，以及 9 間會賺大錢的公司，看待金錢的內心格局，早已大大不同。

改變的關鍵是什麼呢？找到投資的項目，當然是主力。但這裡我還要跟讀者分享的一個更重要關鍵，不論你是從事哪一個行業都適用的的觀念：

唯有學習，才能致富。

唯有學會投資，才能快速致富。

學習才是**翻轉**人生的重點。

下面，我就來聊聊我怎麼**翻轉**人生。

第三章　從人生看理財

我想，應該還是有很多讀者，不一定從《從零開始賺一億》系列第一集開始閱讀。在此，為了印證「快速賺錢」這件事，我也簡單陳述一下我過往的人生，同時也讓已經讀過第一集的讀者，可以快速回憶。當然，在列述經歷的過程，我也會將重點放在該時期的總結，並讓讀者因此可以對各時期不同的賺錢模式做個比較。

見證不同的賺錢模式

我生長在一個平凡的家庭，從小看著我的家人，上班下班那麼辛苦，但賺來的收入有限。每到月底，家中總是愁雲慘霧，因為光支應這個家的基本開銷，早就把薪水袋的錢都花光了。

最尷尬的是繳學費時，我必須陪著父母一起到親戚家借錢。甚至到了國中畢業，我考上中國海專，那是間私立學校，其學費更是貴得嚇人。老是得低著頭跟人借錢這件事，讓我心中多少有點陰影。

眼看青春時光，還必須耗費在學校好幾年，但我總覺得單靠努力讀書，也不代表以後出社會就能賺大錢，於是我在五專一年級時就決定休學，我認為及早踏入職場，才是正確的抉擇。也從那時候開始，我經歷了不同階段的生涯，見證了不同的賺錢模式：

一、出賣勞力賺錢的模式

出賣自己的時間勞力，換取每月有限的薪資，這是大部分人的工作模式。

我初入職場也是如此，只不過我連上班族都不是，當年我是去美髮院當洗頭小弟。

當初做這行也不是隨便決定的，畢竟長輩都說擁有

一技之長可以養活自己，也的確，若美髮做到出師，可以維持基本的生活沒問題。只不過我是從基層幹起，每天的工作就是洗頭。

　　洗頭的收入是怎樣計算呢？是「按人頭」計算，花一到兩個小時，洗完一顆頭，只能得到 150 元。但這是指店老闆賺的，我這個洗頭小弟只能拿到其中的 20 元。可以輕易換算，就算一天從早忙到晚，洗了 30 個頭，整天收入也才 600 元。

分析：這是個極端的例子，現在上班族的月收入當然比這高很多，但基本的道理卻仍是一樣的。從早忙到晚，平均一天的收入可能只有 1000 元上下。年輕人月入就是 3 萬元左右，就算工作已經 5 年、10 年的一般上班族，也頂多月入 4、5 萬元。

二、靠專業工作的賺錢模式

單靠一整天幫人洗頭的方式，一輩子永遠不可能變有錢人。但當年我卻這樣洗了兩年的頭，只因我沒其他技能，少年人內心沒有藍圖願景，所以就這樣過著收入既少、工作又很辛苦的日子。

但 1990 年代，是臺灣經濟起飛的年代，那年代工商應酬多，酒家行業興盛。這行業需要彈琴的老師，而我的能力可以派上用場。為什麼呢？原來我的母親原本就是教琴的老師，我從幼年時候，也跟著母親學了一手好琴。就在那年代，我看到這個趨勢，於是轉行去酒家做那卡西老師，彈琴維生。

果然，靠專業賺錢就是跟單靠勞力賺錢不一樣，收入比過往多很多。

以前是一整個月可能只賺幾千元，現在卻是一天就可能有好幾千元，包括原本演奏每小時的報酬 1000 元，以及客人給的豐厚小費，我第一個月彈琴，就月入超過

10 萬元。

　　也因為報酬真的不錯，我在這行服務了超過 10 年，從 17 歲做到當兵，退伍後又繼續從事這行。也的確，比起一般白領工作者，我的收入是他們的兩倍以上，感覺像是不錯的選擇。

分析：靠專業賺錢，如果專業的「不可取代性」高，且符合潮流，那的確可以創造單位高收入。但究其實，這樣的專業，仍舊屬於「出賣勞力及時間」換取有限報酬的性質，收入再高也有極限，畢竟一個人不可能每天 24 小時不休息都在彈琴。

⌂ **單靠努力無法賺大錢**

當時的努力對我來說一點用也沒有，我做了 12 年的音樂人，彈了 12 年的琴，結果我不但沒有存到半毛錢，甚至還負債 1000 多萬元。總之，我深刻的體悟，一個人若只會努力賺錢，是一輩子也不會變有錢的。**努力很要，但卻不是致富的關鍵因素。**

三、靠基本的投資方式賺錢

當兵前，我存了大約 6、70 萬元。那時我想著，比起同年齡的人，我已經算比較會賺錢了，但我就算再會賺，也已經努力到極限了，就算天天不睡覺，也不可能再進帳太多。

就我當時接觸到的觀念，我知道人生突破的方法，就是學投資，並且投資可以不影響工作，一個人可以邊投資邊賺錢。

對非財經專業的我來說，投資最好的標的是什麼

呢？如同那年代大部分人的選擇，做股票是最平民化的理財。在當兵時，我也讀了很多投資書籍，退伍後我急著用實戰來印證理論，那時我身上的錢約有 70 萬元，加上信貸以及標會等等，總共籌了 180 萬元，全部投入股市，希望能夠讓自己快速致富。

股票的確有時候漲，但更多時候跌。為了怕自己每天看盤影響心情，我也試著要讓自己當個旁觀者，不要太計較股市得失。實務上卻不可能如此，內心還是很在意，但越在意就越感到焦躁，怎麼一個月一個月過去，我還沒致富？

到了第八個月，我看著投資帳戶餘額，那數字令我失望透頂，漲漲跌跌的，最終我的帳面數字跟八個月前差不了多少，若加上手續費等等費用，甚至還賠錢，看來，這不是好的理財方式。

> 分析：投資股票是許多小老百姓的理財方式，甚
> 至有某個年代，被形容為「全民皆股民」。但以
> 結果來說，真正透過正確選股，在對的時間點進
> 出的人不多。以現今時間點來統整，靠股票小賺
> 一筆的多少有，但最終靠股票達到致富境界者並
> 不多。

四、靠更大膽的投資來賺錢

　　我那麼想賺錢，但股票顯然不能達到我的標準。當
時的我很著急，真的不想那樣慢慢等。於是我打電話給
我的理財專員，問他怎麼靠股票賺錢那麼慢，有沒有更
快一點的投資工具？

　　得到的答案是的確有這種工具，就叫做期貨。當時
懂期貨的人不多，我就想著，越少人懂的領域，就越有
機會賺錢。但我自己也不懂啊！怎麼辦？就靠自學。我
是個行動派，真的就當下買了幾本期貨書，也很認真地

去研究。

　　我把我那 180 萬元，統統從股市撤出，轉而全砸到期貨市場裡。結果不到半年，我那筆資金全部輸光光。

> 分析：所謂高報酬的背後也代表著高風險，這部分願賭服輸，敢投入這領域的人就要敢承擔後果。但很多人有個迷思，以為這種風險機率是一半一半，有時大賺有時大賠。然而實際上，對非專業的人來說，機率絕對不是一半一半，而是大賠的機率遠遠超過大賺的機率。

⌂ 不只要會賺錢也要懂理債

　　對當年才 20 幾歲的我來說，180 萬元真的是很大的數字。我為了想解決這筆債務，幾乎感到走投無路，想來想去，記得前輩說過：「書中自有黃金屋。」我也真的走進書店，看了許多可以撫慰心靈的書。

當時讀過的兩段話，至今仍對我有深深影響：

1. **所有的成功者，都是經過不斷的失敗累積而來的。** 從來沒有人一下子就成功，成功者一定經歷過不斷地失敗、檢討、改進，如果不成功，那就繼續失敗、檢討、改進，最後才成功。

2. **害怕失敗等於永遠不會成功。** 因為害怕失敗，所以連試都不試，如此大部分人一輩子不會失敗，但也不會成功，就是落得平凡的一生。

道理是對的，但如何應用又是另一回事。

現在的我，當然知道這兩句話可以有深厚的人生意涵，但當年的我，就把這兩句話簡單化成一件事：「從哪裡跌倒，就從哪裡爬起來。」我要繼續投資期貨。

五、靠屹立不搖的信念投資賺錢

於是我繼續投資，但我都已經負債 100 多萬元了，哪來那麼多錢啊？答案是繼續借貸。

我就是在那年代開始培養借貸能力的，說真的，我很會向銀行借錢。那年代還沒有所謂的雙卡風暴，我去辦了信用卡，然後再以卡養卡。我那時共辦了十幾張信用卡，甚至當時還有所謂的救急現金卡，顧名思義，那種卡根本就是鼓勵人們去借錢的。

結果我就這樣一張張去預借現金，再次籌到 100 多萬元，秉持著書中學到的「沒有人第一次就成功」，我再次投入所有資金。結果不到半年，這 100 多萬元又全部賠光，那時我總共負債 300 多萬元了。

當這樣的時候我怎麼做呢？我堅信書中的道理，秉持著「不屈不撓」的精神，再次借錢，我一方面認真研究各種期貨書，一方面用各種方式去籌錢。乃至於到了 29 歲那年，我已經負債超過 1000 萬元了。

分析：本段經歷除了告訴各位讀者，高風險的投資不一定適合每個人，其實我還要傳達一個最重要的資訊，那就是我呂原富還真的是「借錢高手」，竟然在種種不利的情況下，依然持續借得到錢，這也正是我後來投資房地產致勝的重要武器之一。

六、不要讓收入永遠落入無底洞的賺錢思維

當碰到困難，像負債千萬這樣的事，我有個優點，雖然內心不免慌亂，但我永遠都沒有放棄要去找方法。

我雖然學歷不高，但我卻熱愛閱讀與思考。經常在清晨，身邊世界一片寧靜的時候，我就會開始思考著人生的種種。

首先我可以確定的一件事，1000 萬元不是小數字，所以絕不是靠傳統工作領月薪報酬的模式可以償還的。另外我也認清到一個現實，所謂負債，絕不是欠著放在

那邊等有時間再來還就沒事，債不是停滯的，債是會不斷長大的。

利息的成長非常可怕，如果一個人拚死拚活賺到的錢，趕在期限內按月繳納，他以為都用來還債，結果幾年後再去查，欠銀行的本金竟然一毛都沒減少？原來過往幾年，每個月付的錢只夠支付利息，本金仍一毛不減，到一個人年老退休都還是如此，一生都被「利息」綑綁，那真的是很可怕的一件事。

因此當年我下了一個決心，有一天我要賺大錢清償所有的債，但在那之前，為了不讓利息毀了我的人生，與其每個月做牛做馬餵養付不完的利息，我選擇暫時放棄信用，專注在賺錢這件事上。

　　分析：多年來我也和朋友討論過信用對一個人的重要性。不只是辦信用卡，包括買屋置產，甚至儲蓄買保險等等，少了信用，一個人幾乎很

難在金融市場生存。

但比起月復一月被利息無底洞吸走所有的收入（負債千萬代表每月的利息超過 10 萬元），真正最佳的做法還是用短痛換取長痛。

重點是，真心去投入賺大錢的工作，未來目標還是要把債還清。

🏠 投資房地產才是王道

除了暫時放棄信用，避免陷入利息泥沼外，同時間我做了一個大決定，那就是放下已經做了 12 年的那卡西工作。

一方面是因為銀行追債，我的工作環境必定會受到騷擾；一方面也因為就算每月賺 10 多萬元，也還是遠遠不足以負擔我的財務大洞，我必須找到更大的收入源。

但一個既沒學歷又沒經歷的人，可以做什麼呢？直到今天，道理依然不變，任何人就算沒有文憑、沒有什

麼資源，依然不妨礙他可以成為一個成功的業務員。

　　就這樣，我 30 歲開始擔任業務員，當時只是在報上找應徵工作的廣告，恰好有家建設公司在徵人，所以我就去面試了，也的確如同傳說中說的，不用資歷就可以上班。因為業務不只沒資格門檻，甚至連底薪也沒有，所以人人都可以參與。

　　這就是我投入業務工作，同時也是我接觸房地產業的開始。

七、靠業務工作來賺錢

　　從小到大，我大部分時候收入也算不錯，比起上班族來說好多了。但就算這樣，也不算真的很會賺錢，直到做了業務工作，我才真正讓自己變成一個可以快速賺錢的人。

　　我第一個月做房仲業務，當月我的收入就高達 29 萬元，那時我也才真正確認，原來我還真的是天生適合做

這行。

　　但如同前一章提到的，業務並不是「常態」的、不是「一體適用」所有人的快速致富模式。以我來說，我的業績也不是每個月都超過 20 萬元，少的時候，也就是跟以前彈琴的月收入差不多。而其他同仁則更是素質良莠不齊，有的人月入六位數，但多的是月入很少，甚至整個月沒業績的。

　　無論如何，我是個能力還不錯的業務，但即便是這樣，也覺得單靠這個模式，頂多只能讓我的生活還過得去，但不可能成為有錢人。

　　為此，我正懊惱著。

分析：如同大家都常聽聞的，業務工作的確比較可以讓一個人賺到大錢。但就算一個人真的能力很強，可以月月業績亮麗，有一個關鍵的人生因素卻沒顧慮到，那就是健康。不只犧牲健康，甚

至許多時候犧牲的還包括家人。

我在初做業務的那幾年，就是每天一大早起床，忙碌到深夜才回家，如此才能賺得1、20萬元，這絕對不是想快速變成有錢人最推薦的選項。

八、靠房地產投資賺錢

終於，我們來到主題了。

我的過往人生試過了不同的賺錢及理財方式，我曾經靠時薪賺錢、曾經靠技藝賺錢、曾經想靠投資賺錢、接著是靠業務銷售賺錢。但沒有一個真正可以讓我變成有錢人，直到我接觸了房地產。

最早的時候，因為工作關係，我的客戶有許多專業投資客。我看到他們生活過得輕鬆自在，有時候睡到日上三竿才起床，在家也沒什麼事，就澆澆花、遛遛狗之類的。但他們怎樣賺錢呢？只需打幾通電話給像我這樣的仲介人員，交代幾聲就好。

整個過程，可能只需三通電話，第一通要我買哪間房子，第二通要我處理一下房子（也就是裝潢及維修等等），第三通要我賣掉。

是的，他們可能穿著睡衣、手上抱著貓咪，躺在沙發上吩咐幾聲，單單這樣，他們的收入就遠遠超過我。

聽起來人生很不公平，但只要沒有違法，沒有不公不義，一個人為什麼不能輕鬆賺錢？誰規定人一定要做牛做馬被操到快沒命，才能換得夠多的收入？

想通了這點，後來我也開始試著自己做投資。

然後，就是你們知道的故事了。如今我是個房地產達人，靠著房屋投資讓自己真正翻身，從負債超過千萬元，如今有上億資產。

當然，中間有些其他故事，例如我又不甘心去玩了期貨，賠了數千萬元，但靠著房地產投資，我不到兩年又回復為億萬富翁身價，這些就不再多說了。

結論：

　　1.　努力工作雖然很重要，但學會投資，真的比努

　　　　力工作還要重要一百倍以上。

　　2.　百分之九十的人，不會因為努力而變成有錢人。

　　如果觀念不改變，就算努力個 5 年、10 年，結果依

然和現在一樣。

　　經由我的人生歷程，更加確認投資房地產這件事才

是人生翻轉、快速致富的關鍵，下面讓我們再回到房地

產投資的領域。

第二篇

房地產應用篇：
抓住趨勢才是王道

第四章　有效率地靠投資房屋賺錢

每個人都希望快速賺大錢，但我們都知道單靠努力工作，並無法有效率的賺錢。

的確，重點在於「效率」。

花 10 年賺 1000 萬元，跟 1 年就可以賺 1000 萬元，差別可不只是 10 倍，包含利息錢滾錢的加大差距，以及寶貴的青春時光，甚至包含和家人相處的快樂，並且有更多自由時間可以參與更精采的人生等等。**賺錢重要，有效率賺錢更重要。**

我以親身經歷，證實房地產的確可以讓人翻身，但也再次要提醒，不是只要投資房地產就一定可以致富。事實上正好相反，以現在臺灣六都的經濟發展上來看，真正保證可以讓投資房地產獲利的，必須侷限在一定的

範圍。

　　然而就是在這個範圍內，只要結合專業的人員輔助，快速致富絕對可能。不但可能，實際上，以我帶領的投資團隊真實經歷，短短 4 年多已經有超過 1100 個學員透過房屋投資，翻轉他們的人生。

⌂ 學習自己來，投資靠團隊

　　具體來說，我們如何透過投資房屋來賺錢呢？

　　以下有四個通則，是的，是一體適用的「通則」。但這些通則都只是大的原則，必須再因應適合的人事時地物才能成功。

　　　通則一：找對地點

　　　通則二：找對平臺

　　　通則三：找對貸款

　　　通則四：找對時機

有人會說：「呂總，這四個通則，有說等於沒說，因為大部分人就是不知道什麼是好地點？什麼是好時機？並且還要配合人、事、時、地、物，似乎很困難。」

那麼，我還可以把以上四個通則，化成只有單一個通則，也就是說，只要做對這件事，就可以做到「從零開始賺到一億」。

那個通則就是「找對平臺」。

找對平臺才是關鍵，這不是告訴你不必學房地產投資，反正只要依賴平臺就好。實務上，就好比同樣是走到一個埋藏黃金的寶地，懂得挖礦的人就得到比較多的黃金；不懂得挖礦的人，慢慢挖還是可以得到黃金，只是數量少得多。同樣的，房地產投資，也是懂得多的人，有機會賺更快、賺更多。

為何說一定要找對平臺呢？這是我投資房地產十多

年的經驗。

　　這樣說吧！我可以無私地傳授你真正的房屋買賣訣竅，我也可以直接告訴你，哪裡的房子可以買，我甚至還可以告訴你，某間房子你要用多少金額來買，才有最大獲利率。

　　但就算你聽到我這樣說了，就一定知道怎麼買嗎？包括貸款怎麼談？如何與賣方議價？以及具體地，房子若買到了，下一步驟該做什麼？這些依然無法靠看書就能做好。

　　所謂「術業有專攻」，就算郭台銘把完整的鴻海集團創業每個步驟都寫成教戰手冊給你，而你真的一步一步照做，也不代表你可以創造出另一個鴻海。因為死板的理論及 SOP 可以學，但真正與人應對進退、談判的分寸拿捏，乃至於站在團隊面前那種領導者的氣勢，那絕對是看書學不來的。

　　這也是我這些年來輔導朋友的實務經驗，那些朋友

都看了我的書，也的確建立了正確觀念。但真正要面對投資，仍然會有許多的「細節」，外行人看熱鬧，內行人看門道，那些「門道」不是一個人讀我的書讀到可以倒背如流，就可以因此成為高手。

我鼓勵大家用心學習，畢竟，最終下決策的仍是你自己。

但整個過程，從最初的買屋到後來的賣屋，中間所有流程，必須靠團隊。

所以，若說要找到唯一「必勝」的通則，那毫無疑問的，就是找到「對的平臺」。

可是就如同老師臺上上課，學生也要具備一定的基礎，否則不但教起來很累，並且還會拖累其他學生。因此我還是鼓勵讀者閱讀本書，以及《從零開始到一億》系列的前兩本。

簡單講：

學習，自己來。

投資，靠團隊。

🏠 與團隊合作的方法

團隊重要，但我們如果就是單一個人要買房，哪來的團隊呢？

具體來說，團隊是一種分身的概念，也就是「不要凡事自己來」。若能結合專業最優，不然也需要以群體力量，畢竟眾人的智慧勝過單打獨鬥。

建議的做法如下：

一、結合同好組成「房地產投資」小組

例如你知道你有許多好友，大家也都想要買房子，這些人可能平常在不同的行業上班，大家的工作時段可能也不一樣。於是就可以齊心合作，例如甲在上班的時

候，乙正好是休息時間，他可以蒐集房地產資訊。

當買到房子需要維修時，丙的親戚正好是在做裝潢維修等等。藉由群體的力量，在投資房地產的每個步驟，都可以群策群力，這樣成功的力道比較大。

二、和房地產周邊組織長期建立關係

房地產的投資，包含許多的環節，許多專業都不是一蹴可幾的。例如最基本的房地產在地行情，對於一個非房仲出身的人來說，單靠一己之力，絕無法找到好的物件。唯有長期建立關係，好比說跟房仲業者維持好溝通管道，那麼當有好物件時，才能取得第一手情報。

其他在房屋買賣的各個環節，好比說房屋出租及代管，或者覺得市場行情不錯，想要出售時，也都是要結合適當的資源，才能有效從事。

三、尋找專業的團隊

　　比起以上的做法，本書這裡推薦一個更有效的做法，就是找到一個真正可以「全方位」服務的團隊。

　　具體來說，所謂「全方位」包含什麼呢？如下十二字口訣，同時也正是投資房地產的六大關鍵步驟：

從買屋到賣屋的六大關鍵：
買低賣高、代租代管、售出節稅

　　任何人只要能做到這六大關鍵，「百分之百」可以投資房地產獲利。包含若沒有專業團隊協助，自己本身若有本事做到這些，那也不需要輔導，可以穩定的朝自己設定的成功方向邁進。

　　當然實務上，這六大關鍵知易行難。包括很多投資理財的老師，他們可以傳授理論，可是無法保證弟子做得到，甚至老師自己也不一定做得到。

六大關鍵，每一件事都是難題，從第一關「買低賣高」就很困難。

買低賣高，相信這個道理誰都懂，世界上所有的貿易，不都是買低賣高嗎？所有的商業行為，從規模龐大的家樂福賣場或 SOGO 百貨，到最基層的鄉里雜貨店，不也都是買低賣高？

但，想要買低就能買低嗎？當你在教室裡，很興奮的規劃要買到最低價物件，可是實際上走在人來人往的大馬路，望著周遭的各種建物，你就會發現，你根本不知道低價物件在哪裡。

有人說還不簡單，委託仲介公司找就好。問題是，大家都想找低價物件（包括仲介自己），但這樣的物件好找嗎？若很快就可找到，為何人家要先通知你？

關於這些，都是實際上會碰到的困難。

如果說光踏出去第一步，就已經很難做到了，更何況後面的更專業的部分。

- 看中好的物件了，如何與賣方議價？
- 要買屋了，如何跟銀行談貸款條件？
- 實際交屋後，接著怎麼規劃房子的未來？
- 以獲利角度來看，我該在哪個時機點把房子賣出去？

以上只談到最基本的，還不包含稅務、出租以及種種的法務細節，每件事都需要專業。

一般從事仲介工作的朋友，為了拓展業績，總會跟買方說：「沒問題，一切包在我身上！」但真的可以「包在他身上」嗎？事實上是不能。

為什麼呢？一般房仲業務，頂多懂得如何撮合買賣，但問他如何貸款？如何裝潢？乃至於如何管理房屋？他是不可能樣樣精通的，就算他懂，也不可能只為「你」一個人服務。

多半情況是房屋成交後，握手感謝的那一刻，同時也應該是他最後一次畢恭畢敬和你聯繫的一刻。

　　後續就要靠自己了，包含面對龐大房貸、面對複雜的租屋市場、蒐集判別整體房價走勢等等，當一切都得靠自己，當然會讓人心慌。

　　所以若要讓投資房地產致富這件事更加順暢，最好的方法，就是找到可以一次將六大關鍵步驟都照顧到好的團隊，也就是說從一開始買屋，到中間的租賃管理，包含各項稅務以及最終的獲利出售，都能照顧到。

　　若無法找到一次兼顧的團隊，那也設法針對每個領域，要有好的配合團隊。好比房屋買賣有值得信任的公司，房屋租賃有具備高效率的仲介，另外也要有搭配的稅務諮詢及法律顧問等等。

　　總之，房地產買賣是金額不小的大事，比較不建議個人單槍匹馬地就投入，借助團隊的力量，較能有好的結果。

⌂ 逢低買進的竅門

如同過往我們也曾強調過的，投資必勝的關鍵，就是買低賣高。這個道理很多人也都知道，但所謂「買低」，是要如何買呢？

首先要確認的一件事，就是所謂「買低」是相對於什麼？例如有人在桃園市八德區買到一坪 20 幾萬元的房子，然後說相對於同樣在桃園市的中壢區一坪 30 幾萬元，他「買低」了。

但實務上，「買低」的定義，不是以一個縣市為單位比較，甚至也不是一個區域來比較，真正的「買低」可能範圍窄到只侷限於一條街。

也就是說，這條街的行情若是一坪 25 萬元，你在同一條街買到同樣性質（也就是非過度老舊也非凶宅等狀況）的房子，卻只要一坪 20 萬元，這才叫「買低」。

然而光是「比價」這件事，就非常困難。有人以為現在不是有方便的「實價登錄」系統嗎？不是只要上網

搜尋就好？實際上，這時候透過網路搜尋到的資訊，已經不是「新聞」，而是晚了一段時間的過時資訊。

好比說今天這個地區有一棟房子成交了，依照規定要做實價登錄，然而從議價到實際成交中間還有不少流程，加上實際去登記的時間，真正秀出來在網路上讓人查詢得到，可能已經有了四個月的資訊落差，所以那已經不是真正的「實價」。

最了解房屋價格的人，其實就是像我這樣長期耕耘桃園房市，所以我可以拿到第一手的資訊，那個價格才是真正的市價，而所謂「買低」的比較基準，就應該是這個。

我經常遇到的一個狀況，特別是對首購族來說，他們往往不懂得把握機會。明明我以專業的眼光，發現到某個物件，真的可以「逢低買進」，但買方卻總是要回家「考慮看看」。

好比說 2018 年底，在中正藝文特區，有一戶基本條

件不錯的物件，每坪售價只要 19 萬元，我心知這是個很棒的投資機會，因為那一帶正常的售價已經漲到一坪 23 萬元了。有對新婚夫妻看到後雖然喜歡，仍不敢快速下訂，說要回家和長輩討論。結果如同我可以預料到的，好的物件不會等他們，隔天這個物件就被買走了，等那對夫妻考慮好說想買，已經晚了不只一步。

懂得掌握資訊的人，最大的優勢，就是可以快速做決定。以我來說，我已經對買屋熟悉到每到一個地點，一聽到賣方價格，腦中就會出現一個比較值，立刻可以判定這個價位是接近市價，還是低於市價？特別是當賣方不懂行情或者不關心行情、因為急著拋售等因素，我就可以用很低的價格取得，這樣的情況每個月都會發生。

曾經碰過我買了物件後，去銀行談貸款，銀行端還訝異的問我：「呂總，你是不是買到凶宅了？因為價格實在差太多了，明明這一區實價登錄是 21 萬元，你卻可以用每坪 15 萬元買到，這不是只差一點點，而是差了 6

萬元之多。」換算成一間 30 坪的房子，就差了 180 萬元，無怪乎銀行人員會大驚小怪。

「買低」這件事，真正是要專家才知道，所以若是一般的投資客，想靠個人勤跑來找對房子，那也必須累積很長時間功力才能達到。最好的方式，還是找像我這樣有經驗的專業人士。

如同大家所知道的，當我一開始就以低於市價行情，甚至是低很多的價格買進，如果加上適度的整修，我就算以一般市價賣出，也能得到不錯的獲利。更何況若找到正確的地點，該地區房市本就還會上漲，那獲利更大，金額往往甚至比上班族工作一整年的報酬還多，無怪乎「投資房地產是最快速致富」的選擇。

提到這裡，我也要澄清一個市場上的迷思，那就是有人以為像我這樣買低賣高的人是「房地產漲價，乃至於害年輕人買不起房子」的元凶。

這個指控真的太嚴重了，實務上，如同前面所述，

我們是以「低價」買進，配合市價賣出，就算漲價，也是因為整個地區繁榮所帶動的成長，絕非投資客有能力「炒作」。所以我們絕非助長房市上漲的元凶，我們只是善於觀察趨勢，相中好的物件，配合實價賺取合理的利潤罷了。

第五章　提升房屋投報率

　　掌握買低賣高的時機點，就可以投資致富。

　　但以買屋來說，還有一個非常關鍵的因子，也是許多投資人忽略的，那就是利率。畢竟，所謂買與賣，並不是今天買，明天賣，也不是這月買，下月賣，特別是在房地合一稅施行後，政府為防止有心人炒作房市，規定若兩年內做房屋買賣，會被課以較重的稅。基本上我們現在投資房地產，都建議至少持有兩年，一方面配合大環境成長，一方面也配合政府法令規定。

　　而在這兩年期間，房屋當然也是有成本的，最大的成本就是貸款利息。除非是全額無貸款買入房子，否則正常來說跟銀行貸款購屋，就算利率差個 1％，其累計相差的數字也很驚人。

買屋時如何談到好的貸款條件，也是重要關鍵。

⌂ 和銀行談條件，結果差很多

一個簡單的算術，投資 5 元，最後換得 10 元，那樣是投報率 2 倍。若只要投資 1 元，就可以換得 10 元，投報率就高達 10 倍，房屋投資的基本道理就是如此。

我們透過房地產理財，追求的就是如何讓自己獲得高投報率的回饋，關鍵點就在於怎麼和銀行談條件。

從我二、三十歲時的人生經歷，我就已經磨練出很強的借貸能力，所以在房地產市場，我，呂原富，最受人驚歎的兩大專長，一個是買屋賣屋快狠準，一個就是我總是可以為客戶談到最好的貸款條件。

有沒有專業，結果差很多。

就以甲、乙、丙三個人，假定同樣時間，在同一條街，分別買到三間基本格局一模一樣，連售價也一樣的物件。當某甲條件是貸款成數七成，利率 2％，某乙是

貸款條件八成五，利率是 1.8%，明明房價一樣，但日後每個月負擔的成本卻差很多，而至於某丙，就更令甲和乙氣結，某丙的條件是全額貸款，利率也只有一點多。

怎麼會有這種情況？的確會有這種情況，關鍵點除了甲、乙、丙三人的職業及財務背景不同，因此審核條件不同外，重點還是在於懂不懂談判。

專家會知道，搭配每個人不同的背景，該找怎樣的銀行，並提出怎樣的分析報告。結局就是在未來的兩年裡，有人輕鬆負擔沒煩惱，有人卻每到繳款日就得皺著眉頭籌錢。

對專業投資人來說，更看重的是報酬率，有人一年就可以賺到 20%的投報，有人卻是 20 年才賺 20％，那差別何止千萬里。

因此就算有人自學投入房地產，並且在買屋時因為遇到好運，真的買到好物件，在貸款的階段，依然建議他要去找專家協助。

在沒有專業協助下，一般人依照自己實況去找自家熟悉銀行貸款，可能貸到的成數只有七成到八成。

假定有一個位在桃園藝文特區的物件，總價是 800 萬元，銀行只核貸你 560 萬元，那就是說自備款要 240 萬元。

依照該區的行情，兩年後至少漲 100 萬元，保守假定你依標準市價賣出，也就是賣 900 萬元，淨賺 100 萬元（為了方便計算，這裡不計入佣金及稅金等成本）。你的投報率就是 100 萬元／ 240 萬元，大約等於 41％。

這其實也很不錯了，兩年 41％，一年也超過 20％。比起股票投資或各種基金投資要高很多了。

但真正的投資高手，不只要追求這樣的投報率。

在一開始談貸款時，假定我們可以跟銀行談到核貸八成五，也就是我們只需準備 120 萬元自備款。同樣的，兩年後淨賺 100 萬元賣出。投報率就變成 100 萬元／ 120 萬元，投報率就暴增為 83％。

　　為什麼同樣的投資物件，他就硬生生地比另一個多賺一倍？

　　再好比我若談到全額貸款，那就是自己一毛錢都不用出，最後又能淨賺 100 萬元，投報率多少已經是計算不出來了，畢竟那代表著 100 萬元／ 0。

　　但現實投資市場上，就真的可以如此，這也是我在談判時的專業。

⌂ 如何擁有一個狀態好的房子

　　前面我們經常提到「快速」這兩個字，因為人生有限，賺錢就要快速，所以我們介紹房地產是最優質的投資選擇。

　　在房地產投資過程中，基本上也希望每個步驟都要「快」。看到好的物件，要快速決定，將來遇到好的時機點想出售，也希望快速成交。在買與賣之間的中間時間，則要快速為自己減少成本，甚至也得到獲利。這所

74

謂「買與賣」的中間，就是要快速把房子租出去。

　　這時候，前面提到的銀行貸款利率，也是關鍵。如果當初是用低成數高利率貸款的，每個月的負擔加大，這樣的情況，就更需要快速把房子出租，用租金來分攤部分的貸款負擔。當初若談的條件好，可以較低的利率取得，每月負擔較少，若房子出租，甚至還可以因為租金收入大於貸款支出，因而有獲利。

　　這裡還要提到的一個要點，當貸款談付款條件時，我的建議是要談前兩年只繳利息、不繳本金的那種，如此每月通常只需負擔幾千元的利息，而我們又預計兩年後房市上漲，房子可以出脫，那就不需考慮第三年後的每月貸款。

　　然而，有讀者會問，就算我們想快速租出去，就一定可以租出去嗎？

　　所以這就回歸到我們當初買屋的原點，為何我一直強調，不是投資房地產一定賺錢，而是要正確的投資才

會賺錢。

　　所謂正確的投資，當我們投資的是都市發展中的地點，好比說捷運綠線經過的桃園區，肯定就會有龐大的租屋需求，因為這裡的人潮增多，不論是到此工作或求學的人口都增加。

　　但就算地點好，如果房子本身有諸多問題，那也無法吸引租客，所以如何適當的管理房子就很重要。

　　一般買屋者，通常並沒有裝潢維修的資源，而必須外包找設計公司。往往這個過程，因為自己不夠專業，會花了很多冤枉錢。很多時候甚至不需要做太多裝潢，只需做基本的整理就可以有一定的出租賣相。如何判定？也需專業。

　　基本上裝潢整修這部分，是投資房地產很重要的一環。因為經常我們買的物件，會是外觀條件稍稍不好的物件，往往這類的物件，可以用比市價低一定成數的金額買到。一旦買到，自然就需要做一定的裝潢。

　　其實這也是買屋的重要訣竅。許多人買屋，一看到屋況很差，就退避三舍，但像我們這類的專業投資人，反倒見獵心喜。因為我們知道，狀況越差的房子，越可以談到好價格。許多時候，人們都誇張了房屋毀損的嚴重性，例如牆壁剝落、地磚移位，他們第一個念頭往往就是：「這好麻煩，光維修就要幾十萬元了吧！」

　　看在專業的人眼中，可能一眼就看出，這個牆壁，花 1 萬元就可搞定，地板也是 1 萬元。至於髒亂，更是花半天清掃一下，若再補上油漆，就變成光鮮亮麗的屋子了。

　　印象中，最不受買屋者青睞的屋況就是漏水嚴重。一提到漏水，就想到沒個龐大金額是搞不定的。實務上，我反倒經常投資這類物件，並且有豐富的「治水」經驗。讀者以為漏水整修要多少錢，要好幾十萬元嗎？沒有這回事，依我的經驗，往往頂多 3、5 萬元就可以搞定。

　　我投資超過 10 年來，碰過各種漏水狀況，當然也有

狀況比較嚴重的，但就算如此，漏水預算頂多 10 萬元，
那就等同於把整個屋況大大改造了。

　　往往這一類的房子，我可以比起該區其他同型的房
子殺價至少 50 萬元。各位想想，我以成本不到 10 萬元
的維修費，換取省掉 50 萬元的購屋金額，哪一個比較划
算呢？

　　因此，若能懂得房子整修的知識，最好是擁有一個
經常配合的專業團隊，將會是投資房地產一大利多。

🏠 哪裡是真正值得投資的地點

　　投資房地產，許多時候跟買賣股票的道理一樣，我
們總希望在最低點買進，在最高點賣出。

　　不同的是，我們往往無法正確判定，股票何時算低
點何時算高點，就算經常埋首在一堆 K 線圖裡，也不一
定可以做出正確的判斷，因此許多人栽在股海裡。但房
地產不同，房地產絕對不會毫無來由的忽漲忽跌，只要

抓住趨勢，就一定可以獲取成長的果實。

關於趨勢，我們在後面第七章會談更多，在此只簡單說明。何謂趨勢？例如有人問我，想在臺北投資房地產，不知道未來會不會往上漲？

這件事要靠算命嗎？或者靠經濟學家討論三天三夜？其實單靠基本的常識判斷就可以知道，臺北市區大部分地方要再上漲的空間，就算有，也非常有限了。

為什麼呢？房地產不像股票，可以經常被價值高估，可以本益比上百倍。房地產不是數字遊戲，房子是要讓人住的。試想，如果一個物件價格很高，高到周遭已經沒人買得起了，那價格再高有意義嗎？根本無法成交。特別是若附近還有餘屋，在選擇更多的情況下，高價房屋根本難有市場。

例如我有一個在臺北做房仲的朋友，他們在賣一間位在臺北市八德路屋齡 40 年的老屋，三房沒車位，喊價是 2100 萬元。

　　試想，這樣的金額，哪個年輕人買得起？而這世界未來是年輕人的天下。並且這裡說的 2100 萬元，並非是一間什麼豪宅，只不過是一般的民宅而已！當臺北房價都已經來到如此，一坪 70 萬元，可以想像，未來漲價的空間會有多高？漲多高也都只是空頭數字。

　　而就在距臺北車程大約半小時處，在桃園藝文特區，同樣三房，屋齡只有一、二十年左右，並且還附有車位，總價只要 600 萬元左右。

　　2100 萬元和 600 萬元，誰比較具優勢呢？想必結果一目瞭然。

　　從這個案也可以看出，現在的臺北市，可能就是未來的桃園市。如果說桃園市區的房子，有一天也會漲到每坪 70 萬元，那麼讀者就知道，為何買在這裡才是正確選擇。

　　談到這兒，要再談一個桃園本身的案例。以現今來看，桃園地區最貴的地段在哪兒呢？理論上，依照繁

華程度以及各種生活機能便利性來看，應該就是桃園區啊！這裡中正藝文區等地段，正欣欣向榮，前景無限。但結果以 2019 年初來看，桃園最貴的地區是在中壢區，房價已經一坪喊到超過 40 萬元，原因無他，就是捷運通車帶來的效應。

但實際上，中壢區真的有那麼繁榮，可以支撐這樣的房價嗎？以新北市新莊的案例就可以知道，當房價來到高點，可是沒有實質的繁榮搭配，終究還是無法持續，所以我不建議買中壢區。

相對來說，明明桃園區是大桃園市最繁榮的地方，但每坪屋價才 20 幾萬元，甚至中古屋也才 10 幾萬元，這才是真正站在「低點」，絕對適合的投資地段。

第六章　投資買屋掌握獲利

　　如何正確透過投資房屋致富，包括實際上藉由房屋理財以得到最多的現金，也包括要投資多少成本才得到這些現金。

　　例如前面提到的，當我們準備越少的自備款，針對最終的報酬就代表越高的投報率。其他包括多付出一點卻換得更多，好比賣方願意降價 50 萬元求售一間漏水的房子，但實際上我們只花 5 萬元就能修漏水等等。

　　基本上只要我們能用更低的成本（包括買屋成本，也包括因房子衍生的成本，如裝潢費、維修費、稅金）取得房子，就能帶來更多的獲利。

　　投資房屋就是要獲利，本章再來針對獲利的部分，做補充說明。包括幾個概念統整，以及前面尚未提到的

稅捐處理部分。

⌂ 掌握獲利四大關鍵

　　前面介紹了許多投資房屋的注意事項，但在此，請讀者們謹記以下四個關鍵點，任何時刻，不論讀者要在任何城市做購屋選擇，想評斷自己是否可以投資獲利，就請檢視是否符合以下四大關鍵點：

　　1、趨勢

　　2、價格

　　3、地段

　　4、格局

　　也就是說，當讀者們依照「買低賣高」、「掌握平臺」等要件，甚至也取得很不錯的貸款條件，但若買到的房子在以上四個關鍵點上分數不高，也會大大影響獲利。

　　事實上，如果以上四點的情況不佳，連帶影響的，至少貸款條件就不會好。因為銀行基本上做評估比一般買屋者還保守，若你買到地段差、格局古怪的房子，除非銀行評鑑人員沒有真的走進屋內看格局，否則貸款評分一定會降低。

　　這四大關鍵點中，又以「趨勢」最為重要，這也是本書重點強調的核心字眼之一。我為何一直強調正確投資房地產，最佳的選擇是桃園區，主因就是選在這裡符合趨勢。在下一章我會針對趨勢做更多的說明，這裡我們先來介紹其他三個關鍵點。

關於「價格」，我們該知道的要點

　　投資買屋第一要點，自然就是買低賣高。然而，買低賣高指的是買什麼低賣什麼高呢？這高低是相應於什麼呢？很多人就是沒有搞清這點，最後投資失利。

　　常見的兩大「買低」迷思。

1. 買低對應上錯誤的環境

　　就以許多人最熟悉的股票為例子，如果一檔股票正在狂跌中，上家急著脫手，下家自然一定可以「買低」，但這樣的買低是「賺到」嗎？

　　如果是股票，那答案是不一定，畢竟，有時候高人的確可以看見，股票差不多跌到底了，該「逢低買進」了，那些慧眼識「低股」的人，後來也往往有機會大賺一筆。

　　然而同樣的情況，是不可能適用在房地產的。諸位讀者何曾看見，房價「今天漲，明天跌，後天又漲」這樣的情況呢？基本上，房價若跌了，就兵敗如山倒，如同那句電視劇臺詞所說的：「回不去了。」

　　當一個人承接了因房價下跌，所以上家急著脫手的房子，的確可以說「買低」，但卻很難有機會再「賣高」了。這是因為環境整個不對了，這方面和**趨勢**有關，在下一章也會特別闡述。

2. 買低對應上錯誤的價格

這是我要特別強調的一點，所謂買低，當然是對應著一個價格，也就是「市價」。但經常的情況，你所以為的「市價」，不是真正的市價，而是仲介口中的「行情價」，甚至根本就是仲介舉出錯誤的數據。

例如當仲介告訴你，現在房價一坪約 25 萬元，你現在 23 萬元就買到了，你真的賺到了。但真的是這樣嗎？房價所說的 25 萬元是指什麼呢？

好比說你買的是桃園區較郊區的房子，但仲介講的卻是桃園中正藝文區的房價。另一個可能是，仲介刻意拿出這區「售價最貴」的房子當作標準，告訴你「買低」了，但其實那可能只是個特例。

此外，像是比照的基準值不同，例如中古屋的屋齡，以及周邊是否有嫌惡設施等等，都會讓房價有所不同，但仲介舉的例子，可能是其中一棟屋況非常好的情況下之「市價」。

　　至於有沒有所謂標準的市價呢？老實說，並沒有，
價格本就是對應於市場機制，而市場卻是「不識廬山真
面目，只緣身在此山中」。

　　往往必須是真正的專家，也就是站在第一線的工作
者，例如我長年跑桃園市場，我就是真正了解什麼才是
「市價」的人。一般民眾若無法掌握充分資訊，要找專
家協助，不要誤判情報，把錯誤的市價當成標準，然後
以為自己賺到了，那樣將來就比較容易後悔。

關於「地段」，我們該知道的要點

　　買屋時，對於買屋所在地之地段，在不同的時候，
也會有不同的意義。

　　讀者可能會好奇，地段不是固定的嗎？土地又不會
跑掉，呂總是指類似臺北市信義計畫區，從前是荒地，
現在是繁華鬧區這樣的意思嗎？

　　其實我指的地段，不是指站在現在看未來，那已經

屬於「趨勢」的範疇了。我指的就是現階段，當你買這棟房子，其所在的地段，代表的意義，現在和過往，可能不同了。

這其實就是單純的市場問題，當我們買屋的時候，我們的目的是什麼？以本書的立場，我們買屋的主要目的，是要做投資理財。

但投資理財的前提是：要有買方。

問題的關鍵，就在於「買方」不同。在過往時候，臺灣整體房市興旺，所以市場上有很多投資客，甚至有些地方，投資客占買家比例高達七、八成以上。當我們的買方是投資客，我們買的地段考量會不同，考量的可能比較偏向未來的發展漲勢。但如今情況不同了，買方的比例已經有 90％ 以上是自住客。

既然將來我們房子要賣給自住客，我們就一定要用自住客的眼光來看我們買的房子。也就是說，如果將來要賣屋的時候，自住客願意來買嗎？他們為何買我們的

房子？自住客考量的是什麼呢？考量的是生活機能、附近有沒有商圈、有沒有學區、交通方不方便等基本要件。

具體來說，如果市場的主力買方是投資客，我們也許投資一個都市計畫發展區，預計 5 年、10 年會繁榮的會有利基，因為另一個投資客會願意買。

但當市場主力是自住客，這就不適合了，你不可能去買一個未來 10 年可能變成大市鎮，但現在附近工廠林立、商店沒幾家的房子，指望有哪戶人家會買來自住。

這也就是我強調的，不是買捷運沿線就一定會賺的道理。捷運可能帶來發展，但需要時間，若我們買的是「現在已經有基礎繁華」，將來只會更好的地段，那就符合現在自住客也樂意來住，因此將來絕對有買方承接的要件了。

結合以上兩個關鍵，就是以下這句很重要的話：

好的地段不是一定賺錢的保證，而是要符合向上的趨勢，以及買在市價以下，這才是賺錢的保證。

關於「格局」，我們該知道的要點

前面提到了地段和市價，比較需要宏觀視野，資訊判斷不易，必須結合專家建議深入觀察。相較來說，這裡提到的格局，就非常的切身，直接關係著的是你投入的成本。

最好的情況，我們一進到屋子，看到的就是比較典型、比較中規中矩，符合一般人喜好的格局。你可以這樣想，如果你覺得喜歡，自然可以預料將來買方也會喜歡；若你覺得不喜歡，可以想見，未來的買家也可能不喜歡。

但很多事往往兩難，如果一切條件都好，肯定賣家不太會接受殺價。相對來說，若房子的格局差，就比較容易殺價。

但這裡要強調，格局還是很重要，除非我們依照專業判斷，格局的問題自己內心已經有譜可以怎麼解決，否則只貪圖降價的好處，而買進一個格局不佳的房子，

未來可能會變得不好賣出。

　　所謂格局，基本上就是兩類，一類是可變的，一類是不可變的。

　　不可變的，那不用說，除非有特殊規劃，例如想開另類風格的餐廳，否則我們不會去買三角形格局，或因地形而呈現不規則狀格局的房子。畢竟，這種房子除非拆掉，否則不可能改變基本的格局樣貌。

　　可變的格局，當然就是指室內空間的改變，例如常見的，把房子買來改裝成套房，那是一變多的概念（把一個空間切成兩、三個），或者把格局看來狹窄的房子，牆壁打通，變大空間（把多個空間，變成一個空間）。

　　但無論何者，都牽涉到許多考量因素，包括改裝成本，甚至包括安全因素。如果估量錯誤，帶來龐大的額外成本，那想投資房屋賺錢的夢想，就可能大打折扣。至少利潤會因成本變多，而大大減少。

⌂ **正確繳納房地合一稅**

提起投資房地產，有一筆費用絕對不可忽略，那就是稅務。

過往曾經有段時期，政府收取所謂的奢侈稅，以具體名字來說，稅法的本稱是「特種貨物及勞務稅」。

因為主打的對象是房地產買賣，且在稅法定義上本就是針對製造或進口「一定金額以上之高額消費貨物」（包括房子、車子等），被認為是針對有財力者來實施的稅，所以又被稱為奢侈稅。

該稅於 2011 年實施以來，便有種種的爭議，也被認為是政府打房，該年還被稱為是打房元年。不論如何，到了 2016 年，已經改為實施房地合一稅。

本書不探討細部的稅務問題，但卻絕對要讓讀者知道的是攸關本身權益的繳稅問題。

提起房地合一稅，相信許多購屋者，腦海中已經有個清楚的數字：

以買與賣間的時間距來說：

- 屋主房子持有 1 年以內賣出，針對獲利的部分
  課 45％的稅率。

- 持有 2 年以內賣出，針對獲利的部分課 35％的
  稅率。

- 持有 3 年至 10 年內賣出，針對獲利部分課 20％
  的稅率。

提起課稅，很多人觀念想偏了，把焦點放在課稅的
煩惱上。但別忘了，**課稅的前提是因為賺錢才會被課稅**。
如果因為怕被課稅，而避開賺錢的時機點，那就是本末
倒置了。

我總是跟學員說：「你不要擔心賺到錢被課稅，甚
至被課稅你要開心，因為那表示你賺錢啦！錢賺越多，
才有『資格』被課稅。」

當然，在賺錢的前提下，身為守法的公民，我們要
繳稅。可是別忘了，我們雖然是投資者，但我們也都是

平日認真工作，願意為國家經濟貢獻的人，我們願意被課稅，可是也要守住我們的權益。

我看過太多的情況，明明不需要繳那麼多的稅，卻只因為不懂得該有的權益，白白繳納一筆錢。這筆錢往往也不少，畢竟房屋買賣的金額都很大，繳的稅金動輒幾十萬元甚至百萬元，是上班族好幾個月的薪水。

就在 2018 年年底，我就輔導過一個例子。

該案的王先生，他於 2017 年初用 470 萬元買一棟房子，在 2018 年底用 500 萬元賣出。由於持有未滿兩年，依法適用 35％的稅率。簡單的計算，買入 470 萬元，賣出 500 萬元，所以他有 30 萬元的差價。

30 萬元 ×35％＝ 105,000 元

在還沒和我見面時，他已經準備好那筆超過 10 萬元的金額準備去繳納了，剛好他的朋友是我們的學員，因此好心帶他來認識我。

我知道他要繳稅，就問了他詳細的情況，並幫他計

算一下。結果他根本一毛稅都不需要繳，我告訴他，10萬元可以做很多事，省下來吧！

我的計算如下：

500 萬元

—（500 萬元 ×5% 售出後可扣除之費用）

—5 萬元（買入時的成本）

＝ 500 萬元—25 萬元—5 萬元

＝ 470 萬元（真正買入）

500 萬元（售出價格）

—470 萬元（真正買入價）

—30 萬元（可扣除費用）

＝ 0（沒獲利）

所以這位王先生根本不用繳房地合一稅。因為沒有獲利，不需課稅。請注意，我所說的都是合法的，我不是教導逃漏稅。

這裡我也要提醒讀者注意：

房地合一稅是所得稅，也就是有所得才要繳稅！

所謂「所得」，是扣掉成本後才叫所得。

但許多人往往不清楚該怎樣扣成本。以下是公式：

售出價格－買進成本－售出費用－土地漲價數額
＝售屋獲利
售屋獲利 × 應繳稅率＝應繳稅金

1、售出價格

這比較好理解，具體來說，就是指售出房地的「買賣合約書」價。

2、買進成本

這點就是多數人會忽略的，例如前述的王先生就是沒有計算到這點，所以才以為要繳 10 萬多元的稅。

　　買房子跟買一個名牌包是不一樣的概念，買包包，買了就是買了，就是一個商品買進。但買房子，在買進後還會有幾種成本產生，這會增加成本當然要被列入，但也不能憑空喊價，要準備基本單據，包含：

1. 買進的合約書及履保契約書；

2. 買屋的契稅代書費、規費印花稅收據；

3. 買入仲介費發票；

4. 不可移動式之裝修成本發票。

＊補充說明：不能列為成本扣抵的項目：

1. 銀行貸款借款利息；

2. 每年繳的房屋稅、地價稅、售出之土地增值稅；

3. 社區管理費、水電瓦斯費等；

4. 違法增建加蓋的費用。

3、售出費用

既然買入有成本，售出也會有相關的支出，這筆支出既然是我出的，自然也必須在報稅時扣掉。

所謂售出成本，包含可實際申報所花費用或用售出價格的 5% 認列。售出價格的 5% 包含售出服務費、搬遷費、廣告費，若無法提供發票，則以 5% 認列計算。

有人會說，我買賣房屋時沒有注意到這些，我並沒有保留單據。所以政府統一規定，如果沒有單據，政府就幫我們規定一個比例做為費用，除非我們列出證據，費用大於這個比例，否則就一律以 5% 來設定這個費用，這也就是前面王先生那個案子，我計算式中 5% 的由來。

4、土地漲價數額

這可以依照土地增值稅單查詢。

當我們確實把以上金額扣除後，餘額才是真正的

「獲利金額」。如果一個人報稅，沒有守護好自己的權益，稅捐機關不會義務幫你重算，然後好心的告訴你：「王先生，你多繳了 10 萬元，這筆錢你不用繳的。」

相關的權益，還是自己必須注意。

．實際案例

這裡就來舉一個案例，讓讀者練習。

有一位呂小富先生，於 2016 年 1 月買屋，並於 2017 年 3 月賣出，其相關資訊如下：

1. 房屋買價：650 萬元

2. 仲介費、稅費、裝潢費用（有發票）：共 60 萬元

3. 土地增值稅：10 萬元

4. 土地漲價數額：50 萬元

5. 房屋售出：820 萬元

6. 房屋售出仲介費：30 萬元

請問要繳納多少房地合一稅呢？

解答及說明：

其中的土地增值稅不能列入成本。

賣出費用 820 萬元 ×5% ＝ 41 萬元

由於本金額大於賣出仲介費 30 萬元，因此選擇 41 萬元扣抵。

售出 820 萬元

－成本 710 萬元（650 萬＋60 萬）

－費用（5%）41 萬元

－土地漲價數額 50 萬元

＝售屋獲利 19 萬元

售屋獲利 19 萬元 × 應繳稅率 35%（1 至 2 年）

＝應繳稅金 66500 元

在實際買屋賣屋時，不要嫌麻煩，多花點時間，拿起計算機計算一下，差距的金額可能就等同一般上班族幾個月的薪水了。

第七章　站在通往成功的趨勢上

很少人會表示自己不喜歡成功，不喜歡變有錢人。

大家都想成功，但為何多數人都做不到？不可否認的，許多人是因為懶惰，是因為不求上進，是因為抱著得過且過的心態過日子。

但如果說人們都是因為偷懶才不能投資致富，其實對很多人是不公平的。事實上，在我認識各行各業的朋友裡，不論是開公司的小老闆，或者是在菜市場賣水果的中年人，大家都很認真的過生活，每個人都為求生計，從早忙到晚。

所以，問題不是出在「不努力」，而是努力卻「不得要領」。這也是我立志創立這個集團的原因，我就是要幫助肯努力的人翻身，至於原本就好吃懶做的人，反

101

倒不是我想幫助的對象。

　　努力也很重要，但更要的是找對方法，以及跟對趨勢。具體來說，怎麼做呢？

🏠 抓住趨勢才是投資王道

　　想要投入房地產事業，怎樣才能抓到必勝趨勢呢？

　　這裡分享四個實作的概念：

1、買對地點

2、找對平臺

3、0 元購屋

4、跟著捷運往上攀

　　基本上，確實作到這四點，投資人必然獲利。然而這四個實作概念，全都植基於一個必要的前提，那就是「*趨勢*」。

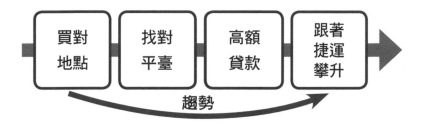

提起趨勢，這裡要強調，「趨勢」不是可以被控制的。在房地產領域，有人說房價漲是被炒作的，這是誤解了「趨勢」的力量。房子沒辦法被炒起來，例如有些房市名嘴，想靠自身的影響力，炒熱某地市場，但實際上大環境的力量遠遠大過所謂的「炒作」。

實際情況中，很多地方包括桃園青埔、苗栗竹南、大埔等，都曾有專家想炒熱，但最終反倒房價越來越跌。其實根本沒人可以炒房，不該誤導民眾，以為趨勢是可以控制的，趨勢本身是綜合很多因素自然形成。

有了趨勢做前提，再來搭配這四個實作的概念，事實上，就是因為站在趨勢上，才能買對地點，也才最後

能「跟著捷運攀升」。但趨勢對了，也要搭配找對平臺及對的貸款條件，才能取得好的獲利果實。

這裡也要再次強調，所謂趨勢，對民眾來說，簡單的評估點，就是前面也曾提過的：有重大建設加上人口紅利。曾經在過往，雙北市是站在趨勢上的，那是過去式。未來十五年，則換成是桃園區站在趨勢上，因為典型的，既有重大建設又有人口紅利。

有了趨勢後，是否找對平臺差別的就是賺多賺少的問題。例如以桃園地區來說，億萬富翁訓練機構就是一個很專業的平臺。站在對的趨勢，再找到類似億萬房產集團這樣平臺，就可以事半功倍。

具體來說，站對趨勢後，後續如何來具體獲利呢？

買對地點，這件事自不待言，如果一開始就買錯地點，後面每個步驟都不用談了。事實上，這就不符合趨勢了。

好比第二章我舉過的例子，有人告訴我，他買在青

埔，然後問我為何投資慘賠？因為地點根本就錯了。

　　而買對地點，但遇到服務很糟的平臺，例如不負責任的仲介公司，輕則談到很差的買賣條件，重則甚至惹來一身腥，惹上交易糾紛等等。

　　至於 0 元購屋是相對的概念，最好的情況是 0 元，如此可以加大報酬率，最終跟著大環境趨勢（也就是捷運帶來的房價攀升），那麼就可以保證獲利，差別只在獲利多寡而已。

　　有學員問我，難道我們確實都做到這四個實作概念，但不一定是完全符合「趨勢」，結果也不會成功嗎？只能說，不跟著趨勢，那就是一種賭博。有的時候也會賭贏，好比說從 2004 年開始，有長達 10 年的房屋榮景，那時候的確買屋就等同於投資正確，不論是在都市中心區或都市郊區，甚至鄉下地區，全臺房價都呈上漲趨勢，除非房子本身有特殊狀況，基本上買屋就等著增值。

　　但那個時機點已經過，如今大環境房價持平，甚或

許多地方走低了，那就要靠實力見真章。

這時候若不跟著趨勢，好比有人跟我說：「呂總，我做了一筆好投資！我買在某個地段，那裡的一般行情是每坪 20 萬元，結果你知道嗎？我用每坪 18 萬元就買到了，穩賺的啦！」

結果，那個地段根本是已經逐漸沒落的地方。違背趨勢走，一、兩年後，一坪房價可能跌到 16 萬元。雖然當年他以「低於市價」買進，但因為不符合趨勢，結果依然是慘賠，甚至若不趕快脫手，還會越跌越低。

⌂ 抓住桃園綠線的趨勢

說起投資地段，很多人會說，跟著捷運走就對了。事實上，之前我提到的那個青埔買屋案例，他的物件也是離捷運很近，但結果為何慘賠？因為不符合趨勢。

請注意，不是蓋了捷運就符合趨勢。

我以桃園綠線來做個說明。

說起桃園，理論上整個桃園市應該是一體的，都一樣是鄰近雙北，是耀眼的六都中的新星。但為何實務上，這兩年若買在桃園青埔、八德一帶的人，可能面臨慘賠的窘境？而又為何桃園綠線沿線卻始終是我推薦投資必選呢？

因為時代變了，我從 2004 年開始投入房地產產業，那時候房地產很興旺，買哪賺哪，就好像閉著眼睛投飛鏢也能投中。

但從 2014 年起，這樣的時代就已經過去。當整體房市不景氣，也就是說人們不再迷信「有屋就代表財富」的時候，這時真正能夠存活的，就是「符合趨勢需要」的房子。

以捷運綠線來說，主要是以桃園區，含括中正藝文特區、小檜溪重劃區、中路特區等，說這裡是未來趨勢，這不是用「猜」的，而是有具體的數據。桃園區的人口

淨成長已經連續六年全臺第一，這也就是所謂的「人口紅利」。

就好比眾所皆知的一個道理，要有源源不斷的人，才能撐起房屋市場的價格。否則一間房子裝潢再高級，售價再高，沒人要買也沒有用。而桃園區為何有人口紅利？自然也因為地方建設的關係，加上房價偏低（藝文特區的中古屋目前才 16 至 19 萬元），否則，人們不會沒事就拚命往桃園區移動。

這其實是相輔相成的概念，也就是說，人口越多，因此帶動當地經濟繁榮，百業興旺。而政府為了因應這樣的成長，自然必須加強基礎建設，蓋更多房子來滿足這樣的繁榮。

但也因此，政府投入越多，經濟更加充實，結果自然是又吸引更多人進來，這就是人口紅利背後的正面循環效應。至於人口紅利，既然說是「紅利」，其帶來的利益給誰呢？就是懂得在此投資的人。

　　但為何不能說只要蓋捷運就代表投資有利呢？那是因為，有捷運不代表一定有人口紅利。最明顯的對比例子，大臺北地區的捷運本身就蓋在繁華地段，因此原本就人潮很多，捷運又帶動更多人潮。

　　反之在高雄地區，就因為少了這樣的背景，所以很多的捷運線相對就冷清許多。

　　這就好比有人開玩笑說，彰化、雲林地區太蕭條了，怎麼辦？就建議蓋捷運吧！以為有捷運就會有「人潮」。是這樣嗎？套句禪宗的話：「本來無一物，何處惹塵埃？」在本來就沒人沒建設的地方蓋捷運，只會讓空氣中充滿更多灰塵而已。

　　而捷運綠線除了本身已經蓋在具備人口紅利之處，以及各種建設不斷拓展外，也因為先天條件。桃園區本就靠近雙北，當雙北市已經漲到離譜價位，結果距離不太遠、交通又因捷運更加方便的桃園區，房價卻低不只一半，大家願不願意過來？自然是願意的。

所以我建議投資捷運綠線所在的桃園區，因為這就是趨勢。

介 讓自己成為「早知道」的人

所以我們再次強調重點，抓住趨勢，而非抓住捷運。就算是捷運綠線，我說的也是捷運綠線的「桃園區」，而非整條捷運。

前面有人說，他們投資在青埔、八德，不是一樣在大桃園地區嗎？剛剛不是說桃園市距離雙北市很近，所以相較來說，青埔不是應該非常有吸引力嗎？但別忘了，距離雙北市近只是其中一個優點，但其他兩個優勢，包含人口紅利，以及與地方建設形成的正面循環並沒有看見，所以並無法帶來優勢，也不符合趨勢。

那麼，同樣的趨勢，為何不能在新北市找到呢？

答案是，新北市當然「曾經有過」處在趨勢鋒頭的時代，只是那時機點已經過了。

　　問問任何一個人，如果在 20 年前，他在捷運沿線置產，現在這個人肯定早已是千萬富翁甚至億萬富翁了，他什麼事都不用做，光靠著「時間」就可以讓自己致富。

　　但現在呢？這樣的時間點當然已經過去。如今在大臺北地區任何一間房子，都不是一般薪水族可以買得起的。也因此會有這樣的說法：「一個人就算幾輩子不吃不喝，也買不起臺北的房子。」

　　舉例來說，如同前述，我曾經經手一間臺北市八德路普通的三房兩廳舊公寓，不含車位，並且是 40 年以上老屋，成交售價就要 2100 萬元。

　　同樣的空間格局，屋齡更少，未來出門也有捷運，在桃園區卻只要用 5、6 百萬元就買得到。只要認真思量，民眾自然會樂意來桃園置產。

　　投資桃園區這件事，我早在幾年前就不斷強調，不但強調，並且有書為證，我在書中最直接鼓勵讀者投資捷運綠線。

事實證明，捷運綠線也已經在 2018 年 10 月中正式動工，從這天開始，將有大約 10 年的建設期，而整個建設期都是投資的切入點。

如果當有一天桃園區發展到像雙北市那樣的高價位，那已經是十多年後的事，但就好比現在來看雙北市房價，讓年輕人只能望屋興嘆。

如果你是十多年前那個「早知道早進場」的人呢？那可就笑開懷了。

現在，你正要扮演那個準備笑開懷的人。

如今，捷運都動工了。已經在這裡買屋的人，自然都不想賣，看著金雞母在身上，誰想要把金雞母丟掉？而隨著捷運進度不斷往前，抱著這樣觀念的人會越多。

然而，在不同的時代，一樣有人有不同需求想要賣屋。重點只在於，誰有這個資訊管道，第一時間知道這

件事。

　　找對專家投資房地產有多重要呢？下一篇我們就以
達人見證的方式來分享。

第三篇

達人見證篇：
做個成功投資贏家

第八章　案例分享一：
業務高手也要追求穩固的未來

> 　　我從無到有，到現在，我也不敢說我擁有很多，但至少我可以肯定一件事：就算今天我要退休，由於目前身上的資產價值幾千萬元，我也絕對無後顧之憂。我名下有房子投資保值，有了房子可以每月為我進帳租金。
>
> 　　認識呂總，在他指導下投資多年，我真的沒有一次房屋投資虧過錢。
>
> 　　我就是跟著他，相信他，人生就完全不一樣。
>
> 　前億萬房產集團資深主管／自行創業有成的店東
>
> 　　　　　　　　　　　　　　　　　　張瓊玲

　　許多的業務菁英，特別是女性，回顧成長背景，往往最源頭只是個平凡的家庭主婦，家中有老公負責生計，自己只要操持家務就好。如果命運沒有中途轉個彎，那她的一生就是個相夫教子的老媽子。

　　改變不一定是好的，除非習得重要的觀念，或者遇到貴人。

　　張瓊玲原本是積富房屋（現在的億萬房產集團）高階經理，旗下管理四家分店，是在桃園房仲界響叮噹的人物。後來在和呂總報備後，自行發展新的房仲事業。

　　她的成長案例，正可以說明在投資理財領域，遇到貴人以及找到正確的投資方法是多麼的重要。

⌂ 就算本身是業務高手，妳覺得人生就因此夠安穩嗎？

　　2005 年，張瓊玲首次遇到呂原富時，彼此只是單純的房仲以及投資買賣關係。瓊玲彼時已是國內知名房仲

品牌的頂尖業務，勤奮工作的她，因為經常介紹新物件給呂總，因此雙方也培養了基本的友誼。

只不過，瓊玲雖然年復一年看著呂總因為投資房地產逐步累積財富，但她自己本身當時卻仍覺得先做好自己房仲本分工作就好。

從 2005 年到 2010 年間，光是透過她介紹呂總投資買賣的物件，就不下四、五十間，彼此非常熟稔，呂總也不只一次直接問瓊玲：「好的投資可以創造財富。妳已經親眼看見我這麼多次投資房屋致富，何不親自也來參與？」

「反正你買就好了，我可以賺到服務費啊！」瓊玲表示。

「但這樣妳不會變有錢人的。」

「沒關係，我覺得目前生活挺好的。」瓊玲還是比較保守。

但真的生活挺好的嗎？其實瓊玲在靜夜裡自己思

量，日子也並沒那麼好。

　　她本身算是業務高手，以她多年累積的業務經驗，每月平均收入可以 10 到 20 萬元。這樣的收入看似不錯，但身為單親媽媽的她，每月光孩子的教育費就不下 10 萬元，更何況身為業務人，日常應酬交通等開銷就不算小。

　　當然，賺來的錢，她也懂得不要只是閒置銀行，瓊玲也跟隨一些菜籃族媽媽們買買股票，甚至參與一些募資創投。但最終結果，股票斷頭賣出，創投專案一個個都無疾而終，投資的錢血本無歸。

　　所以真的生活挺好的嗎？瓊玲仔細想，其實她也只是個辛勤工作但收入勉強維持生活的弱女子，一旦哪天有個突發狀況，或身體拋錨要送廠維修，可能全家的生計就成問題了。

　　想一想，這是不是也是許多朋友的現況寫照？

　　也許你是某家公司的高階主管，月入達六位數字；也許你經營一家店面，每月消費人潮讓你還有維持溫飽

的進帳；也許你就像瓊玲一樣，在某個領域成績頂尖，業績常接受表揚，收入也比普通上班族好得多。

但如果「只是這樣」，就能保障人生下半場的生活嗎？月入六位數字？若公司哪天關門或整個轉移到海外呢？開店做生意？商場趨勢如流水，難保哪天你賣的商品乏人問津？做個頂尖業務？但歲月終究不饒人，10年、20年後，還能每月業績頂尖嗎？

於是，瓊玲想通了，決定開始跟呂總請教，正式投入房地產投資。

⌂ 這不是風險，房子自己會成長

2010年，瓊玲終於聽從呂總的建議，開始試著自己買賣房地產。

說起房地產買賣，其實至今瓊玲已經投入這行超過20年，只不過在2010年前，她只是單純地為客戶服務，賺取正常的服務費。正如同她自己所說的：「我真正熱

愛這個行業，我可以從買賣房屋這件事裡，得到成就感與快樂。」

但憑著專業為有買屋需求的人服務是快樂，為何幫自己買屋不是快樂呢？

因為當時，瓊玲一想到投資，腦海就浮現兩個字：「風險」，其實這也正是大部分人不敢投入房屋投資領域的原因。

為什麼有風險？因為買房子的金額動輒上百萬甚至上千萬元。

「我家裡還有兩個孩子要養，我可冒不起這樣的風險。」瓊玲內心總響起這樣的聲音。

但 2010 年經過呂總的鼓勵，他告訴瓊玲，投資房地產不是賭博，憑著他的專業，這件事沒什麼風險。

「好吧！都認識這麼多年了，我就相信你一次吧！」就這樣，瓊玲買了人生第二間房子（至於第一間房子如同大部分人般，是早年和銀行貸款自住用）。

依照呂總建議，她選中了一間房子，也正式成為投資人。瓊玲一方面繼續房仲業務工作，一方面房子則擺著等增值。在忙碌中，匆匆兩年過去，當時買的房價是400多萬元，兩年後已經漲到超過800萬元。

這時候，呂總建議瓊玲賣掉房屋，反倒瓊玲覺得不太想賣。

「瓊玲，妳很奇怪耶！以前叫妳買妳就是不買，現在是叫妳賣妳就是不賣。」呂總不禁又好氣又好笑地這樣說。

分析一下為何瓊玲不想賣？因為房子兩年內就漲了將近400萬元，她當然心想，按著這樣節奏年年漲，以後等著變幾千萬元就好，幹嘛賣？

但其實房地產買賣不是這樣看的，不同地段有不同的遠景，以及一定的成長幅度，不可能無限期的漲。最佳做法是選在每個地段的低點進場，在房子漲到符合經濟榮景面時脫手，同時持續尋找其他位在低點的物件。

　　呂總告訴瓊玲，就是因為已經漲那麼多了，所以該賣了。如果不賣，房子就是讓妳只賺這麼多，但賣掉獲利後，有新的資金，可以再投入其他物件。

賣與不賣的差別：
不賣：原本目前 800 多萬元的價值，兩、三年後頂多變成 900 到 1000 萬元。
賣：手中會有 400 多萬元現金，兩、三年後也許就可以翻成超過 600 萬元。

　　瓊玲當時似懂非懂，但終究還是聽從呂總建議賣了該物件，之後將現金當做頭期款，其餘靠著貸款又買了兩間房子。

　　其中一間剛買下的時候，賣方就表示必須回租給他三年，瓊玲同意了，等於保障三年房子都有租金收入。另一間則純投資，之後也是漲價賣出，以此為基礎，瓊

玲再繼續買其他物件。

　　時光荏苒，那間保證出租三年的房子，有一天房客來電問是否續租，還是要回收？瓊玲這才靜下來計算收益。真的呢！她發現這三年期間，她根本一天都不必為這間房子操心，每月只要固定收租就好，現在房子決定收回，聽從呂總建議，把房子賣掉賺 100 多萬元差價。同時，她計算三年裡每月的租金收入，算一算，等於這房子在過往每個月為瓊玲淨賺 10 萬元。

　　這麼好的事，以前怎麼都以為是大風險，而不敢投資呢？

🏠 得遇貴人，從此改變人生

　　從 2010 年到現在，瓊玲持續投資房地產買賣，這件事完全不影響她本業，她只要選中房屋，後續自然有專業的人員協助。而她手中總同時握有三到四個物件，有的出租，有的適時轉手。

　　到今天，她可以肯定的說：「我這一生已經不擔心經濟狀況了，就算今天我退休了也財務無虞。我可以純粹為了興趣工作，我熱愛房地產事業，我熱愛業務工作，所以繼續在職場打拚。」

　　這是很好的結果，但為何瓊玲能有這麼好的結果，許多人卻仍不敢投入呢？

　　別的不說，以瓊玲自身為例，她本身是專業的房仲，對於房地產市場已經是非常熟稔的。並且她也親眼看見投資人透過正確買屋賣屋創造財富。但若非呂總指導，她還真的不敢投入呢！

　　但如同這裡提到了呂總，也同時要強調的，投資房地產會帶來財富及一生幸福，但前提還是要有專業人士的「指導」。如果沒有專業人士指導，瓊玲單憑喜好買賣物件，結局就不一定如此了。

　　提起呂總，瓊玲表示，呂原富不只是她的好老闆，也是她一生中的大貴人。

　　是的，最早時候，瓊玲和呂總只是仲介與投資人關係，但後來她正式加入呂總的房仲事業麾下，再之後，她則是在呂總培訓的基礎上，發展出新的一片天。

　　瓊玲表示，她當年絕非走投無路才來投靠呂總，事實上，她在加入積富房屋前，不但都是在臺灣知名房仲品牌下工作，並且都業績頂尖，也都是擔任店長等高階職務。

　　那年，當她提辭呈準備離開前一家大公司時，包括老闆在內的許多高階主管都來慰留，認為她現在已經在國內最知名的房仲品牌服務了，若離職能夠去哪？而瓊玲的回覆，是她希望可以去到一個「讓她能真正成長的地方」，這個讓她成長的地方，當然就是積富房屋。

　　2015 年，臺灣房地產已經走入寒冬兩、三年，前幾年房仲業哀鴻遍野，仲介店家倒的倒，人員離職率爆高峰。但同時，透過臉書，瓊玲卻驚訝地看到，只有積富房屋不但屹立不搖，並且還不斷拓展。

這個呂原富，真的不是凡人。

想到此，瓊玲就下定決心，這一生若真的要繼續在房地產事業發展，就該跟著真正的高手，呂總就是她決定要追隨一輩子的人。即便後來她在和呂總報備後，有自己獨立的房仲事業，但她仍會終身和呂總學習房屋理財，以及很多的工作智慧。

瓊玲表示呂總是她終身的貴人，呂總在兩件事上奠立她的富足人生：第一、投資理財面。認識呂總後，瓊玲才正式有了非工資收入，且擔保一生生計無虞。第二、事業及心境面。加入呂總的事業，跟著呂總學習後，瓊玲事業格局更大。

如今她不只是頂尖業務，她也是縱觀全局的高階管理人。眼界廣，談吐不俗，成為真正的人中之鳳。

⌂ 積富帶我學習成長

「當時我離開前一家公司，沒人看好我，都以為我只是一時衝動。從前的主管們也都溫馨地喊話：『瓊玲，如果哪天你做得不快樂，歡迎回來老家。』」

所以瓊玲很有自信的說，她有著專業本事，從不擔心找不到戰場。她在業界風評不錯，緣由於其潔身自愛，做事絕對講誠信，不該拿的錢，一塊錢都不會去拿。也正因為她本身有著正派的特質，所以一和呂總連絡，就獲得首肯可以加入呂總旗下。

否則，呂總用人也非常注重品行，一個無法對自己負責的人，呂總也並不歡迎這樣的人加入。

原本瓊玲就已經是業界的頂尖好手，但加入呂總麾下後，她才真正認知「天外有天，人外有人」。她很佩服呂總的，不只是呂總的專業，還有呂總的高 EQ。

「他人很大方，很願意教，絕對無私分享。有問題去找他，他總是氣定神閒，從不動怒，也不耍官威。他

喜歡用聊天的方式，和員工坐下來談。當我碰到狀況，找他求救，他不會立刻給我答案，而是邊和我聊天邊問我問題，要我試著自己去思考。聊著聊著，我心情就放鬆了，往往回到家，再仔細想想，就找到因應方案。」

如今對所有億萬房產集團的員工來說，他們的最高領導人呂原富，總謙稱自己學歷不高，但說真的頭腦實在厲害，跟員工相處也都和樂融融，與其說是老闆跟員工的關係，更像是朋友的關係。

呂總非常擅長的，也是大部分仲介人員最缺乏的兩大專業：一個是稅務，一個就是貸款。就連在仲介職場奮鬥二十年，已經算是仲介老手的瓊玲，對老闆呂原富的專業，也衷心甘拜下風。

他真正可以協助一個自備款不足的人，擁有屬於自己的房子。也能幫很多購屋族，節省一輩子打拚的辛苦錢，不要繳過多的稅。

很多年輕人原以為自己不可能買得到房子，但在呂

總的指導下，終於可以圓夢，在他們心中，呂總真的是
終身的貴人。

　　呂總以及他旗下的億萬團隊的能力有多強呢？瓊玲
舉了一個例子：

　　　　那是我剛加入積富房屋半年，有一回去接觸
　　一個物件。該屋主因為急著用錢，想把自己的房
　　屋委託房仲銷售，結果接觸了市面上幾個大品牌
　　房仲，在許多業務協助下，過了半年房子卻仍賣
　　不出去。

　　　　當我去找屋主時，對方半信半疑，人家大公
　　司半年都賣不出去了，妳這個相對來說比較沒名
　　氣的公司可以做到嗎？

　　　　我跟他說，能不能做到，看看就知道，請相
　　信我們的專業與用心。結果才短短一週內，我就
　　告訴屋主，我們已經找到買方了。屋主當時還嚇

一跳，他第一個感覺竟然想問這是不是詐騙？怎可能大公司賣半年都賣不出去，妳們這家剛接這案子一週就有好消息？

但這件事卻實實在在發生了，我跟屋主說，整個過程都有履保，在簽約前錢也都在雙方口袋裡，甚至若要找各大公司來見證，我們也不怕，你擔心什麼呢？

就這樣，在屋主嘖嘖稱奇下，呂總的團隊再次快速又專業地完成一次銷售任務。

而這個屋主，後來也變成我們的長期好友，常常介紹其他客人來買房子。

這就是億萬房產集團的魅力，呂總的傳奇。

還在擔心買賣房子有風險嗎？

其實，放任自己一生不去想投資的事情，到老來才後悔，這才是人生最大的風險。

　　身經百戰業績收入也不錯的業務高手張瓊玲，以她
自身的案例告訴我們，就算是現在收入不錯，也不代表
人生無虞。要擁有好的未來，請從現在開始關心投資。

第九章　案例分享二：
遇見一位真正的房地產高手

　　從一開始的買屋到最後賣屋，這之間所有的流程，這裡全都包了，不管我對房地產懂或不懂，都可以獲益。對稍稍懂房仲這產業的人來說，億萬房產集團的培訓機構是個很好的平臺。若是一個房仲領域門外漢，也完全不用擔心，有億萬房產集團的團隊當你們最貼心的教練。

　　第一次知道有這樣的平臺，不管懂不懂房地產，都能得到全盤服務。第一次認識這麼令我敬佩的房地產投資專家，他不僅專業，並且他的人格讓我感動。這個人，就是呂原富。

億萬房產集團高階主管　簡華緯

　　一山還有一山高，當一個人在某個領域裡，獲致很高的成就，如果少了比較的對象，難免會流於眼界狹隘、畫地自限。

　　真正的英雄，反倒希望多闖蕩江湖，看看這個世界是否有其他能人，可以拓展他的眼界。就算是碰到失敗，也甘之如飴，因為這代表有人比自己還有本事，而自己因此也就有了更好的提升機會。

　　曾經是英雄，後來遇見了真正的高手，那種內心的喜悅是難以言喻的，也因此在真正高手面前，英雄們也都願意全心臣服。

　　對簡華緯來說，能夠遇見呂總，真正開拓了他在房地產投資領域的眼界。後來他也滿心歡喜的加入億萬房產集團，之後也成為當年初草創的億萬房產集團培訓機構幹部，跟著機構一起成長。

⌂ 業務工作是照顧家計的唯一選擇

　　說起簡華緯的房仲資歷，我們可以發現，他的業務發展歷程，大部分時候和臺灣的那段房市榮景是相重疊的。也就是說，他真正見證了那些年的繁華，也因此到了房市不景氣時，他也有最深刻的感觸。

　　如同很多投入房仲業這行的年輕人一樣，一開始的加入是因為家中經濟因素。從學生時代華緯就是個很有責任感的人，他知道自己家中不寬裕，因此很想為這個家做點事。

　　最早的時候，他選擇當個職業軍人，看中的就是收入穩定有保障。但後來發現，要想支撐家中經濟，光有「保障」是不夠的，並且是遠遠不夠。

　　之後他進入傳說中很令人欽羨的行業，也就是在內湖科學園區上班。華緯進入內科當個行銷人員，然而來這裡就代表是工作的最棒境界嗎？

　　再次地，他發現就算頂著內科光環，實際上的收入

仍無法令他滿意，更何況科學園區的工作壓力也太過沉重，跟收入不成正比。

也就是在那時，他終於了解，為何有那麼多人想要投入業務工作了，因為真的沒有其他更好選擇可以確保家中經濟。

當一個擁有很多夢想要實現，又必須兼顧家計的人，除非擔任外商公司的高階經理，否則任何上班族的薪資，都無法支撐這樣的夢想與家計負擔。在當年，也算是不得不的一種決定，華緯準備投入業務工作。

而所謂業務，選擇也不少，諸如保險、傳直銷等等，但真正可以靠本事賺到較豐厚收入的是哪一個呢？幾經思慮，他選擇投入房地產業。

那年是 2007 年，華緯很快就發現，整個房市在當時非常的火紅。而那種盛況不斷飆啊飆的，還要往後延續好幾年的榮景。

🏠 悲情的急凍房市

　　在景氣好的時候，也會有店家經營不善倒閉，相對地，在景氣很差的時候，依然有人業績持續攀升。實力很重要，但不可否認地，景氣好壞也真的很重要。

　　華緯本身的能力很強，他很快地在房仲這行業做出自己的名聲，而因為處在房市持續攀升的年代，好的能力加上景氣便車，他終於找到真正可以讓他賺錢照顧家計的職域。

　　然而，景氣的影響真的很大，以大海來比喻，就算是一艘性能很好的船，當碰到超級颱風，好船、壞船都一樣，都處在極易翻覆的境地。

　　從 2007 年加入房地產這個產業開始，榮景伴隨著華緯，一路興旺到 2014 年。然後那個「颱風」就出現了，那種轉變真的非常大。

　　當時華緯投入這產業已經超過八年，是資深的房仲，他很清楚的看到，每天都有房仲公司撐持不下去了

而收店，每天也都有他認識的同行，放棄多年的努力，選擇另謀高就。

華緯本身當時是在臺灣一家上市上櫃的大品牌房仲企業服務，公司體質比較健全，但大環境壓力仍是不可避免。

八年多來，一直以新北市新莊地區為服務區域，2014 年的情況是，隨著新莊副都心的捷運效應，當地整個房價已經飆升到一個很高的狀況，所有在該地置產的屋主也都沾沾自喜，覺得自己擁有一個大財富在手上，肯定一輩子吃穿不愁。

殊不知，當房價已經高到一個頂峰，買賣雙方差距認知變得非常大，大到根本無法溝通，因為飆到那樣的價格已經很少買方可以接受了。結果就是所謂的「有行無市」，空有一個市價很高的物件，但卻沒有人願意承接，並且這種情況越來越嚴重。

對於靠仲介房屋買賣賺服務費的業務來說，既然市

場上成交量變很小，人人也都苦哈哈的，最後自然就撐不下去，一個個退場。

　　包括華緯本人，他多年來是業績冠軍，以及優秀的業務主管，但大環境實在太糟了，就像前面說的那個颱風比喻一般，這個颱風，讓再優秀的人也無能為力。

　　面對這樣悲情的急凍市場，連華緯都在慎重考慮，是不是應該轉行了？如果連他這樣的八年不敗高手都碰壁，哪裡有其他高手可以帶他跳脫困局呢？

🏠 另一個從無到有的戰場

　　還好，華緯雖然當時很悲觀，但他的個性讓他不輕易說放棄。而他的另一大優點也在此時發揮最大效用，華緯是個很熱愛學習，很認真蒐集資訊的人，這也是他業務不敗的基礎。如今，他將搜尋的觸角跨過新北市，往外縣市尋覓，就這樣，讓他發現了一線生機。

　　當新北市乃至於全臺灣，房仲公司倒閉的數量數以

百計，他發現桃園市這邊似乎有些不一樣。華緯本身很有分析頭腦，當年他在新北市就很懂得數字分析。這時候他發現，桃園區的發展在很多地方，跟當年的新莊非常相似：同樣有捷運建設，同樣不是繁華中心，因為發展尚未成熟所以尚有成長空間，也同樣的，因為建設仍在進行中，所以房價仍處在低點。

華緯不怕「低點」，因為有低才能變高。但他也知道，大部分的地方，所謂的低點就永遠是低點，「低」不會無端端的升「高」，除非有升高的背景條件。

好比說在花東海岸的某個社區，可能房價很低，但過了幾十年後，依然不會變高。房價升高，必須具備一定的條件，華緯眼中的桃園就具備了這樣的條件。

那年捷運議題已經發燒，但一般民眾畢竟不是投資專業，沒辦法理解捷運的長遠意義，大部分人只是人云亦云。但仔細去看就會發現，捷運興建不會只是一個個別建設而已，而是一個地區經濟引擎。

　　然而就算是捷運本身也會有不同階段的發展，其代表的意義並不相同，例如剛開始在打軌道地基的階段，跟已經準備開始營運的階段，經濟影響的方式就不同。以捷運網最普及的新北市為例，華緯就見證了新北市的房價從一開始每坪 10 幾萬元，短時間內躍升到 20 萬元，然後 30 萬元，至今已經每坪至少 40 萬元起跳。相對來說，新北市的近鄰桃園，卻仍然是一字頭，也就是每坪 10 幾萬元的價位。

　　如果單單只是當地房價價位低，以及「捷運即將興建」這件事，仍不足以令華緯心動。真正讓他確認要將戰場移到桃園區的，是他親自研究各種資料，真正確認許多的事已經在「執行中」，捷運建設不是紙上談兵，他也確認了重劃區一旦劃定後，政府已經正式和地主及建商們進入土地議約。

　　這和他那年剛加入房地產業，所看到的新北市新莊區發展背景是一樣的。當年華緯親自見證了整個新莊副

都心從無到有，由一片黃沙的荒地，「長出」一棟棟的大樓還有滿眼綠地。現在想來，那過程還真的很神奇，繁華就這樣誕生了。那之後數年，華緯實地投入房地產業務，他伴隨著新莊地區的房價數字，這數字年年攀升，他業績也不斷提升。

而今這些已是過去式。但幸運的是，過往在新莊區已經發生的，現在在桃園區才正要開始呢！也就是說，只要來到桃園區，他又可以經歷一次那種攀升的快樂。

就這樣，原本已經想要放棄房仲這個產業，華緯現在心中又燃起了熊熊烈火。2015 年年中，華緯正式遞辭呈，離開了那家上市上櫃公司。來到了桃園，他心目中開始可以預見遍地是黃金的美樂地。

找到真正符合現實的投資地段

桃園區的條件，真的是不可多得的好，這裡有許多的重劃區，每個重劃區都代表著一個個繁榮的未來。更

重要的，那個未來才正要啟動，而有遠見者可以先卡位。

　　想想，如果幾十年前當臺北市信義區還是片荒地時，有人在那年代於信義區買地置產，現在這個人的身價會有多高？

　　那麼，如今桃園區正好比是當年的臺北市信義區。在桃園光是重劃區就有經國重劃區、藝文特區，以及正在整地的小檜溪重劃區、中路特區等，搭配這些都市計畫，本就萬事欣欣向榮。

　　更何況交通網的普及，讓經濟更可以跳躍升級，放眼進行中的交通建設，包括桃園車站臺鐵地下化、捷運綠線的興建等，而站在這些建設核心的八德路、介壽路、中正路一帶，原本先天條件就好，有著稠密人口，如今捷運再興建起來，那將來的繁榮是必然的。

　　當人人都喜歡這裡，表示這地方有市場，可是這個繁榮是有範圍的，就在桃園區這不大的區域裡，可想而知，當有龐大需求，可是市場胃納卻有限的情況下，房

價要節節攀升，就非常的合乎邏輯。

這不是賭博猜謎，也不像股票要分析多空利空，這是一件依照邏輯、依照經濟發展「必然」會發生的事。

投入房地產事業多年，華緯也清楚知道，一個地方的榮景，絕非符合單一條件就可以獲致。就好比不是說蓋了捷運就一定代表繁榮一樣，這就是同樣是捷運，華緯不會想往高雄發展的原因。就算是同樣在大桃園市，他也對機場捷運線周邊沒興趣，因為這些都是單單只有捷運，卻少了生活機能的支撐。

放眼全臺灣捷運真正帶動繁榮的例子，毫無例外都是植基於本身就是人口密集，好比說臺北捷運板南線、松山線、信義線，是先有熱鬧的地方讓捷運更符合需要，而不要夢想說因為有了捷運所以創造新的繁榮。

而華緯也要再次強調，就算是具備前面說的那些有捷運、人口密集、有好的生活機能，如果少了一個要件，那他也不會投入。那個必要條件就是「低房價」，這也

是華緯轉戰新戰場的原因，大臺北地區符合前面說的那些條件，但已經太繁榮了，房價高到離譜的境地。

如果說是一幅名畫或一個骨董，價格不斷攀升，收藏家當然非常高興。可惜房子不是珍藏品，房子是民眾需要住的，許多人一輩子也只能擁有一棟房子，並且只是其中一戶小小的空間，但當價錢高到已經連作夢都不敢的時候，那已經是脫離現實。

真正的現實是什麼？華緯說，現實就是人們只要努力工作，就可以實現的夢想，那樣人們就可以抱著希望。現實也必須符合人們日常作息，如果一輩子在市中心都不可能買到房子，而民眾比較有能力買到的房子卻只能在偏遠山區，光是交通每天來回要兩小時以上，這就叫做不符合現實。

相對來說，符合現實的桃園地區，假定一個人居家在這裡，他要去臺北車站附近轉車去辦公室上班，假定公司同部門有另一個同事，他家住新北市汐止。兩人同

時間起床、同時間出門，結果住在桃園的他，反倒比住在新北市的同事更快到達公司。這就是真正的現實，也就是我們強調買屋買在桃園是最合理選擇的現實。

桃園區到臺北真的很方便，不管是開車族或搭乘大眾客運都一樣，每小時都有頻繁班次，不論要往臺北轉運站、市府轉運站或去新北市板橋區，以及通往大臺北各大捷運站，真的通勤非常方便。

位在北北桃一日生活圈，生活花費（包括房貸支出）卻只等同於十多年前的新北市，這就是桃園區買屋的最大利基。

⌂ 這回就真的沒問題了

最終不只讓華緯想要轉戰桃園，並且將未來生涯託付在這裡的關鍵人物，還是呂原富總經理。

曾經在新北市房地產業也算叱吒風雲的華緯，終於遇到一個讓他萬分折服的真正房地產高手。自此，他人

生可以攀上另一個新境界。

　　最早的時候，華緯是因為想更加認識桃園房地市場，因此他聯繫了家住桃園的朋友。這位朋友於是告訴華緯，若要真正認識桃園地區房地產市場，就一定要認識呂原富這個人，於是他開始去聽這位傳說中「桃園最厲害高手」的分享會。

　　一開始還覺得那位上臺講話的人非常平凡，一點都沒有那種梟雄般的雄偉氣勢。相反地，呂原富這人看起來非常親和，就跟鄰家大哥哥一樣的讓人感到在他旁邊可以放鬆。

　　但這樣一個平凡的人，當他侃侃而談房地產觀念時，卻讓華緯不知不覺身體向前傾，全心投入呂總的演講裡。對於整個大環境的分析，呂總非常到位，並且身為桃園人，呂總講的又比華緯想的更深入。

　　更令華緯驚訝佩服的，是呂總竟然提出一個他以前沒想過的房仲經營模式，結合投資培訓與投資實務，他

讓房仲這產業格局變得更開闊。

呂總不只在投資領域是尖兵，他在管理上也提出一套前無古人後無來者的方法，他顛覆了業務的定義，也顛覆了房屋買賣的傳統方式。

本來業務就是各憑本事，各拚山頭，誰能招攬最多客戶，誰就能賺最多的錢。這個月口袋響叮噹，不代表下個月你依然吃得開，就好比 2014 年以前華緯也曾經月入幾十萬元，但 2014 年後卻苦於成交無力，業務不就是這樣嗎？

也就是因為在這種「業務本身必須自保飯碗」的前提下，每位有意購屋的朋友，當他以為面前的仲介是個可以為他著想的專家時，實際情況卻是，業務第一優先考量的還是自己的業績以及生計，他先考慮他的佣金以及時間效益，再來考慮如何帶給買屋者最佳的建議。

當然這世界有各式各樣的業務，有的人會碰到熱心腸的好業務，也有人碰到的是斤斤計較的業務，似乎一

切靠運氣。

　　但呂總的事業經營模式，卻擺脫這種業務與買賣方「對立」的困局。他把房地產事業用一條龍的團隊來經營，讓每個業務的本身定位有了突破，一方面業務少了業績壓力（因為團隊共同做後援），一方面也有寬廣的學習成長機會（因為在這裡，每個業務本身可以學到一條龍裡不同環節的專業）。

　　呂總真正創造了雙贏，這點讓華緯澈底的被折服。從此不需要再單打獨鬥了，不用像從前，在辛苦一天之餘，還得擔心一些同行間的勾心鬥角。

　　從此不必再口是心非的服務客戶了，為什麼說「口是心非」呢？以前華緯為了得到交易，當然表面上要極力討好買方，若買方提出什麼需求，也絕對會說出「我一定為你負責做到好」這類的話。但實際上呢？光自己要衝業績就很累了，若這時候那些已經買屋的人，又要求這要求那的，實際上哪可能樣樣都做到？

「要租屋嗎？好，沒問題，我幫你找。」但這件事吃力不討好，賺不了多少錢又耽誤自己開發正式業務的時間，表面上努力服務客戶，內心裡真的一大堆苦水往肚裡吞。

然而若依照呂總的經營模式，這些在從前的房仲模式問題，現在都已不是問題。

華緯表示，他們努力開發物件，也服務好客戶的買賣需求後，接著呢？客戶需要租屋服務，沒問題，他們集團有物業管理部門，會接手後續，同時間也依然找得到他們。

買方還想問房子該怎麼整修？沒問題，他們集團有修繕團隊也有設計裝潢人員。買方問題還是很多，該怎麼繳稅？該怎麼規劃投資？還問深夜若想洗澡發現沒瓦斯了該怎麼辦？這回華緯可以心口如一的回答客戶了，因為有了億萬房產集團的團隊，這些真的都沒問題了。

從此，華緯加入呂總的麾下，而非常懂得慧眼識英

雄的呂總也知道華緯是個人才，只要是人才，就不會被
埋沒，一剛加入，華緯就被任命為高階主管。

⌂ 找到房地產投資真英雄

　　身為主管，華緯真的挺爭氣的。那時候億萬房產集
團的培訓機構剛創立不久，當時這家企業也仍在拓展階
段，華緯等於是跟著呂總成長。

　　他親眼看著整個機構，人數快速的變多，華緯並且
清楚看見，這些人不是被呂總話術騙來的。事實上，華
緯覺得呂總口才不算好，他們都是因為被呂總的服務熱
誠，以及真正落實投資作法的團隊所吸引。

　　即便已經參加很多次呂總的演講活動，華緯還是會
被他感動。這麼樣一個個子不高、學歷也不高的人，怎
麼有那麼大的抱負？他不只是要讓自己的企業成長，並
且要幫助許許多多本來對房地產不懂，甚至對投資感到
害怕的人，能夠真正感受到投資的樂趣，並具體在團隊

的指導下，改善他們的生活。

這真的是種感動的力量，那時候，甚至連捷運都還沒正式動工。而如今，就在 2018 年 10 月，捷運綠線已經正式動工了。那些個捷運效應，已經開始發酵，蓬勃發展已經是必然。

人家說時勢造英雄，時勢真的很重要，但也不否認，那個英雄，要真的是很令人敬佩的英雄，而華緯找到了這個英雄。

華緯表示，他自己本身原本就是很懂得觀察，很懂得投資的人，他有理念也有技術。但遇到呂總後，他才知道，做人不只要有理念有技術，還要有人格感召力。

他也從呂總這邊學到一個很重要的觀念，當一個人由拚業績導向，轉型為服務客戶為主導向，整個心念變了，格局也不一樣了。

過往的思維，買房子這件事，是大部分人的終身大事。這不像買青菜蘿蔔或買便當，今天來買明天可以再

來買，買房子應該不會有「老主顧」這樣的概念，房子交易一次，大概這輩子與你就這麼一次。但呂總打破這樣的觀念，在億萬房產集團的各種購屋專案裡，所有的買賣都絕對不會只是一次性的買賣，真正做到一生多次。

　　億萬房產集團陪著一個人從第一棟房子買到退休後還可以繼續買，因為團隊的力量，改變了投資人的心態，也創造了黏著度。

　　就以桃園區來說，捷運綠線 2018 年底開始興建，光工期就預估 8 年，加上後續的發酵效應，捷運熱度至少還有 10 年榮景。

　　假定一個學員，2018 年開始投入，合理估算，這個學員在這 10 年間，至少有機會可以買進、賣出、再買進、再賣出，投資個三、四次。團隊會負責指引他何時可以買，怎樣買到新物件？又怎樣創造更高投報率？

　　總之，在這樣的團隊下，華緯找到了願景，他不但本身成為團隊的主力幹部，協助呂總拓展版圖，服務學

員，自己也跟著呂總學投資，如今也是個千萬富翁，他
終於找到一個可以照顧家人的最好職涯。

介 華緯投資案例分享

　　前面，講了華緯加入呂總旗下億萬房產集團團隊的
心路歷程。接下來，華緯要以親身經驗，分享投資的種
種訣竅以及投資帶來好處的案例。

　　一個好的投資，絕對需要「因應環境轉變」，也就
是市場時機到了，就該脫手。我們看待房子的心態，不
該把房子看成是好不容易到手，必須「牢牢抓住」的寶
貝，這是種「屋奴」的心態。我們應該把焦點擺在「自
己的人生」，請注意，是房子為人服務，不是反過來，
人們為了房子而存在。

　　在這樣的前提下，房子可以被買下來，當然也可以
在適當時間被賣出去，沒什麼好心理糾結的。在這種心
境下，人們就會發現，房貸不該是困擾一生的事，如果

我們知道房子兩、三年後就會增值脫手，那你去煩惱什麼 20 年房貸、30 年房貸這些的，就一點意義也沒有。

　　房貸只是過渡期的一個成本，這個成本是可以用租金來抵銷，過渡期也不要煩惱貸款壓力。正常情況下，過渡期也是賺錢的時期，只是過渡期賺得比較少，脫手時賺得比較多而已。

　　那些為房貸所苦的人，往往是因為沒有專家協助，因此也沒有找到適合的銀行，於是自然沒能取得最好的貸款條件。

　　好比說一個軍公教背景的人，不去善用自己的這個身分優勢，去找喜歡貸款給軍公教人員這類穩定工作的銀行，反倒去找一家對「戶頭餘額」比較重視的銀行，結果自己拿出來的帳戶數字既不漂亮，人家自然也無法提供好的貸款條件。

　　光貸款這件事就對投資的影響就很大，有的人可以取得很高的貸款成數，只需負擔少少的自備款，他就因

此有多餘資金投入其他領域，最後當房子賣出後，他相對的投報率也較大。

相對來說，一開始貸款條件就沒談好，後續就連環一團糟，導致有的人根本就整個人生都為背債所苦，所以才稱為蝸牛族。像這樣的苦悶，當加入億萬房產集團後，就可以避免，所謂「離苦得樂」，選對房屋投資的方式，人生就可以大大不同。

投資真的改變人生，以下華緯分享兩個故事。請注意，這兩個故事雖然都是發生在新北市，但是未來的桃園區就等同於當年的新北市，因此，這樣的案例更顯得重要。

華緯第一棟房子的經歷

當時華緯剛投入房地產事業沒多久，他看出新莊地區的發展潛力，但本身沒自備款怎麼辦？還好老家的屋子還可以貸款，他在新莊買了一戶公寓住宅，買價約當

於當時市價，共 880 萬元。那時華緯工作業績還不錯，存簿數字漂亮，且房市景氣好，銀行願意貸給他九成，所以他貸到 800 萬元，並且還有三年寬限期限，只需繳利息就好。

當時華緯就每月只繳利息，然後他把房子出租，租金收入還大於貸款繳息很多，所以那三年期間，他不但不用煩惱貸款，還有額外收入。

三年後，寬限期間將期滿，但華緯一點也不擔心，因為他已經要把房子賣掉了。他賣出的價格是 1150 萬元，先把老家的貸款還掉，手中還結餘 100 多萬元。

這就是華緯投資第一間房子的實況。

必須強調的，當年的新北市新莊區，就差不多等於現在的桃園區。所以華緯的這個案例，絕對可以適用於現在的桃園，何況他當時只是單打獨鬥，沒有團隊，若加上團隊，甚至可以有更好的獲利空間。

房子改變了事業命運

另一個故事也是發生在新北市的新莊區，因為華緯過往都是在新莊地區服務，這裡繼續分享他在新莊區的投資經驗。

那年是捷運新莊線確認要開通的前一年，有一個物件位在重新路五段，也就是新北市新莊區和三重區交界處一帶，在某個大賣場旁有一棟商業大樓，當時剛蓋好正在銷售階段，那時候每坪的銷售單價才 15 萬元，華緯現在想起來，都覺得那價格還真是低得不可思議。

華緯的哥哥是個創業家，辦公室在臺北市內湖科學園區，當時每月的房租加上車位租金高達 7 萬元。從事房地產業的華緯就對哥哥做專業建議：「哥，你現在每個月要花 7 萬元的租金，並且這些錢都是給房東，繳出去就沒了。還不如把同樣的錢拿來新莊買房子，每月繳的貸款比這裡的租金少，而且房子繳了就是你自己的。」

他哥哥聽從他的建議，於是就在前面說的那棟每坪

15 萬元的辦公大樓，買了一層當辦公室。

就這樣，哥哥繼續打拚創業，新公司持續成長，後來還得到創投公司的關注，決定投資一筆資金增資。但金主來了，哥哥反倒擔心了，他煩惱的是他自己沒有足夠資金，如果創投公司進來，他們的資金比例較高，那不就等同公司被外資買走了嗎？

知道哥哥的憂慮，創投公司表示不用擔心，他們會要求等比例增資，但哥哥表示他沒那麼多錢。創投公司又表示沒問題，可以技術入股，於是哥哥拿著公司的專利去估價，還真的市值 5000 多萬元。這太好了，公司終於要飛躍性成長了。

只是有個小小問題：國家要求技術入股要繳納 800 多萬元的技術稅，這……錢怎麼來啊？

華緯這時候出場了，他跟哥哥說：「你不要擔心，你忘了嗎？你在新莊有一棟房子啊！告訴你現在市價多少好嗎？已經超過 2000 萬元了。」

　　就這樣，後來把房子賣掉，淨賺了 1000 多萬元，其中 800 萬元拿去繳技術稅，還有多餘的錢當預備金。如今這家公司已經從小型企業躍升到中型企業，事業版圖也從臺灣擴展到中國以及新加坡，是標準的國際企業。

　　如果當年沒有做這筆投資，就算有投資機會，也不可能短時間籌得出這 800 萬元，一個好的發展機會就會因此澆熄。

　　這次經驗也更加證明了一件事：

正確的房地產投資，可以改變人生。

　　華緯來到桃園之後，跟著呂總投資了幾戶房子，也都是採取 0 元購屋的方式。現在手上的兩戶，目前都先將房子出租，隨著 2018 年底捷運動工，未來房子上漲，遠景可期。

　　而今，他已經對呂總佩服得無體投地，華緯除了本

身會持續跟著呂總做投資外，他的人生志願，也就是他
朝夕打拚覺得最重要的事，就是跟隨著呂總，協助億萬
房產集團，幫助至少 10000 人，投資房地產致富。

　　他也衷心相信，這樣的目標，絕對會達到。

第十章　案例分享三：
　　　　億萬富翁團隊讓我的孝心落實

　　八年的時間，我帶領我的家人親族們，合作大約兩百多間房子，改善她們的生活。我自己從那個原本快要走投無路的弱女子，變成資產超過 8000 萬元的投資高手，並且讓父母住在獨棟的洋房，就近照顧。

　　至今我名下有九間房子，還可以現金買土地，陪家人蒔花弄草。感恩呂總帶給我的投資新觀念，以及引領我的全新人生，他是我的恩師，更是我的貴人。

億萬房產集團副總　黃誼誼

　　平常少有高級房車進出的中部偏鄉某社區，這天開
來一部白色保時捷，當在地鄉親感到驚奇爭相走告時，
車門打開，走出來一位非常優雅的女子。

　　有人小聲說著，她不正是黃家那位大女兒嗎？接著
這位女子打開後車門，扶著兩老出來，他們是要來拜訪
老家親戚，並且感謝過往親族對家人的照顧。在眾人豔
羨眼光中，兩老親切的和舊鄰居們打招呼，言談中大家
也知道他們的女兒現在是資產超過 8000 萬元，很有成就
的集團副總。在親戚鄰里恭喜聲中，兩老笑得合不攏嘴。

　　有時候，人生要得不多，對億萬房產集團黃誼誼副
總來說，她所有的辛苦打拚，這些年力爭上游賺來的錢，
不論她名下有幾間房子，都抵不過此刻，能夠看著她那
原本害羞的父母，可以在鄉里間昂首闊步的喜悅。

　　看到父母開心，一切就都值得了。

　　她好高興，可以陪著父母享受天倫之樂，回首過往，
她也永遠不忘記，曾經，在她幾乎窮途末日的時候，一

家當時名不見經傳的小仲介公司老闆，向她伸出友誼的
手，從此改變她的人生。

🏠 殯葬業出身的管理高手

在今天，每當有客戶拜訪億萬房產集團，都會不忘
稱讚億萬房產集團人才濟濟，而身為集團創辦人呂總重
要副手的黃副總，看來雖然嬌弱，卻又如此的能力優秀。

這位黃副總，有著標準美女的氣質，溫婉內斂但又
不失一種高階管理人風範。很難想像，換個時空，她原
本有可能是菜市場裡，守著小小空間，賣 2、300 元一件
成衣的婦人，而就算後來加入房地產市場，最初的時候，
她連跟社區管理員講話都會感到壓力。

誼誼是在 2009 年加入億萬房產集團，在那之前，她
大部分時候都只是個平凡的內勤上班族。其實，從畢業
踏入社會，她就從未想過身為一個弱女子她要追求什麼
大成就，沒想過要當大老闆，也沒有想要拋頭露面站在

第一線擔任衝鋒陷陣的業務。

　　她只想要本本分分的做好她的職責，把老闆交代的事好好完成，而她也確實把她的角色扮演得很好，這樣的她，所以能夠從最基層的行政助理，最後擔任管理部門高階經理。算起來，誼誼從社會新鮮人階段起，長達二十年來，都是擔任行政管理工作。

　　由於家境不好，誼誼從學生時代起就半工半讀。而一方面身為長女，一方面她從小就很感念父母的養育之恩，因此，她除了照養自己位在桃園的家，也總不忘回臺中大里老家探望父母，過年過節包大紅包，盡孝養之恩。但單做行政職，薪資普遍不佳，後來她願意投入殯葬產業，就是因為這行業許多人比較有忌諱，因此薪資相對來說就比較高。

　　她在全臺灣數一數二的殯葬集團擔任行政管理職，最後還升任總部的高階祕書。因為做事勤快，且十項全能，不只是一般的內勤人事或檔案管理，包含財會出納

制度訂定，乃至於招商採購、教育培訓、簡報企畫等，她都做得有聲有色。這讓她月薪從5、6萬元，成長到7、8萬元，以一般上班族的工作薪酬來說，已經算是很不錯了。

如果只是一般的行政人員，薪酬當然不可能那麼高。事實上，誼誼的工作對公司的發展影響很大，雖然業務團隊在外招攬客戶、拓展市場很重要，但她扮演的角色，影響力完全不輸業務。

別的不說，就以殯葬業兵家必爭之地「醫院」來說，每家大型醫院要和哪家殯葬業合作，都要透過公開招標，一旦標到專案就代表取得至少五年的合約，這件事的成敗非同小可，甚至攸關公司的存續。

誼誼就是那個不但要擬訂參與標案的企畫專案，並且要在評比嚴格且競爭激烈的簡報現場，做簡潔且打動人心的簡報。所以說，她雖不是擔任業務，卻對公司業績成長有重大的影響。

　　原本個性偏文靜的誼誼，願意承擔這樣壓力很大的工作，因為她有兩大兩小要照養，責任心使然，她再怎麼累也需承擔下去。

🏠 設法走出困境，不得不賣房子

　　誼誼的老家在臺中大里，她的父母，從誼誼有記憶以來，就沒有上過一天班。

　　說她們是老闆也沒錯，只不過不是開公司的那種老闆，而是在夜市擺攤的老闆。許多年來，她的父母就在臺中的忠孝夜市擺攤，賣的東西不一定，根據不同的季節，有時候賣豆花，有時候賣玉米，或配合當年的流行賣些小玩意。誼誼家裡四個兄弟姊妹，就是父母這樣擺攤供她們成長，以及念書念到畢業。

　　每當回憶起那段日子，誼誼總是內心很有感觸，父母真的恩比天高，她總是這樣說，然後內心念茲在茲的，就是要趁自己有能力的時候，報答父母恩。

　　人終究會老，有一天，誼誼的父母無力再過著每天擺攤到深夜的日子，不得不把攤位頂讓。但僅靠著有限的老人年金怎麼生活？於是他們就去做清潔員，每月賺個 1、2 萬元過日子。在臺北打拚的誼誼，看到父母這樣很心疼，但她自己卻有心無力。

　　原本誼誼工作幾年省吃儉用地存下一筆錢，當時兩岸交易開始活絡，大家都說未來的商機在大陸，有朋友找她合夥去中國做生意，但誼誼放不下在臺灣的父母以及兩個女兒。

　　於是只好退而求其次，她委託朋友代為投資事業，誼誼實在個性太善良，當年也太單純了，只因為信任那位「好朋友」，她不但把自己當時存的積蓄一、兩百萬元都交給她，甚至那時自己的母親也聽信那位朋友的話，拿出自己的養老金，全部託付。而如同電視劇裡也常演的劇情般，那位好朋友去了中國，從此那些錢再也拿不回來。

那是誼誼人生最痛苦的時候，她不但積蓄都沒了，還連累了她最心愛的家人。為了怕父母擔心，她也不敢把這消息跟她們說，一個人承受這所有的壓力。

那時候剛好遇到過年，明明她自己已經口袋空空，但誼誼仍堅持要孝養父母，生平第一次，她去銀行辦了信用貸款，借出了 20 萬元，將這 20 萬元分兩包紅包，分別給爸爸和媽媽。她要讓父母感覺，女兒在臺北工作仍一切安好，對誼誼來說，這世界再沒有比讓父母安心更重要的事了。

但回到自己家裡，誼誼仍得面對現實問題。她評估現況，雖然錢賠光了，幸好仍有個收入不錯的工作，但再深入想想，真的「不錯」嗎？7、8 萬元月薪，已經到頂了，不可能再攀升。但她要照養兩個小孩，每年學費就是一大筆數字，還有車貸、房貸，種種扣下來，連生活都捉襟見肘了，哪還能看得到未來？

同時間，她也有種感覺，殯葬這行業雖說薪水高，

但誼誼是個很感性的人，長年處在這種悲傷的情境裡，甚至當代表公司去支援告別式活動，她都會情緒失控流淚。因為她不禁想起自己的境遇，以及父母當清潔工那衰老的背影，這個行業就是讓她日復一日處在低能量的環境。

經過好幾晚的失眠，她覺得不能繼續這樣下去，那等於是對自己的人生做自我欺騙。如果知道這個模式不可行，那麼她還是勇於辭職吧！去想個可以改變未來的方法。

當時誼誼真的還很天真，她認為要改變現狀的一大方法，就是自己當老闆。她本身大學時代念的是服裝設計，並且對美學設計等也算很有見地，她認為自己應該有能力做好服飾業。

但開店要有資金啊！怎麼辦？也就是那時候，她想要將她在桃園買的房子脫手，內心的期許是至少換得 100 萬元現金，可以做開店本金。至於若沒了房子，她

和孩子要住哪呢？租房子嗎？開銷如何因應等等，她當時沒想太遠，只是一心覺得，要想擺脫現實困境，那就去開店當老闆就是了。

⌂ 賣房子哪有那麼容易？

時值 2008 年，當年還沒改名億萬房產集團的積富房屋，也才剛起步沒多久，呂原富更是個名不見經傳的人。對當年急著要賣屋的誼誼來說，根本沒有特別指望這家小公司可以幫上忙。

當時誼誼已經離職，想要賣屋放手一搏，結果才剛踏出門檻就發現寸步難行。想賣房子才發現，她原以為只要說賣就有人要買，但根本不是那回事，賣房子好難啊！當年類似 591 租屋網的平臺還沒誕生，為了要賣房子，誼誼也知道這方面自己不行，因此勤跑仲介公司，方圓幾里內跑了大概三十幾家仲介。

一開始，每個業務都掛保證說一切沒問題。誼誼的

房子開價 450 萬元，然後在家充滿期待地等電話。終於電話打來了，但一通一通都讓她感到越來越心寒。

這裡一通：「黃小姐，妳的房子開價太高了，降一降好不好？」接著一通：「黃小姐，妳開這個價不可能有人買啦！一定要降價。」之後又一通：「黃小姐，350萬元可以接受嗎？如果是這個價錢，現在就有買家有興趣了。」

掛下電話，誼誼有點欲哭無淚的感覺。350 萬元？如果賣這個價錢，那就等於只是償還銀行貸款，接著她就沒房子，手上也沒任何資金，更別談開服飾店了，這怎麼行？她當時真的不知道該怎麼辦？當一個人處在低潮的時候，身邊朋友也都視自己如瘟神，連好朋友怕她來借錢，都在躲誼誼電話。

但能怎麼辦？工作都辭了，身邊有限的錢也快坐吃山空了，她還是得把房子處分掉。就是在這時候，有點死馬當活馬醫的，她去拜訪當時的積富房屋，只因為這

家公司在住家附近。

但平心而論，人家那些名氣很響亮、經常上電視打廣告的仲介公司都做不出成績，這家以前聽都沒聽過的小仲介公司，可以做出什麼成績？

無論如何，誼誼還是走進當時的積富房屋。那時呂原富身為老闆，自然坐在後面的辦公室，誼誼洽商的對象不是老闆，只是櫃檯前第一線的業務員。

於是誼誼就緩緩地和那位業務訴說她的狀況，她說她已經離職，有經濟壓力，希望將自己現在這間房子，以 450 萬元價位賣出。

或許因為感受到業務人員的親切，誼誼於是跟他多聊了些，包括自己被騙走積蓄，還有擔心父母生活種種的心聲都和盤托出。

談著談著，誼誼填好委託單，正準備轉身離去時，一個聲音響起。

⌂ 房子就委託給我吧！

　　這是誼誼第一次見到呂原富，也是第一次和他交談。她非常記得當時呂總說：「黃小姐，剛剛我在後面恰好有聽到妳們的對話，知道妳賣房子的動機跟過程，我知道妳現在心情不好過，真的是很為難妳。」

　　說到這裡，在誼誼訝異的目光中，呂總稍稍停頓一下，接著繼續講：「但講句不好聽的，妳現在把唯一的房子賣了，那妳跟孩子將來該怎麼辦？露宿街頭嗎？還有妳想開服飾店，這真的可以成功嗎？妳把未來都賭在這件事上，是不是太過一廂情願了？」

　　誼誼瞪大美目，倒是想聽聽呂總接著要說什麼。

　　當聽到呂總說：「讓我來幫妳想想辦法。」她第一個想法是，我跟你非親非故的，你幹嘛那麼好心突然要幫我？

　　特別是過往曾被好朋友騙過錢，誼誼經過那次打擊更是對人性打了折扣，她不禁往壞處想，想幫我？怎麼

幫？借錢給我嗎？還是怎樣？我錢都已經被騙光了一無所有，難道這個人要貪圖我的美色？

但眼前這位呂總，看起來完全不像花言巧語型的人，甚至看起來有些木訥。當下他沒多說什麼場面話，直接切入重點：「黃小姐，我建議妳的房子先不要賣，因為我估計這裡的房價會再上漲，現在明明是處在低點，妳拋售房子是不會有好價錢的。」

誼誼此時納悶了，不要賣？那我如何籌開店的錢？

此時呂總用自信的眼神看著她，說出那段影響誼誼一輩子的話：「我衷心建議妳跟銀行借低利率房貸，協助妳後續開店圓夢。因為桃園房市正在起飛，妳把房子賣掉太可惜，我的建議就是『原屋增貸』，這可以助妳渡過資金難關，總之，房子的後續就交給我吧！」

⌂ 真的開店當老闆了

如今，每當回想起這件事，誼誼就會想，這是不是所謂「孝感動天」？

「我真心真意的孝順父母，所以上天派了一個大貴人來救我？」

那天，誼誼抱著半信半疑的心情回家，心裡越想越不對。那些個大品牌的仲介公司，業務人人都告訴我，我的房子無法賣太高的價錢。這位呂總是何方神聖？竟然說要幫我，還說什麼增貸的？我都已經欠銀行 350 萬元了，如今還失業，增貸這件事怎麼有可能？

但別的不說，光是呂總的做事態度就讓誼誼很佩服。這個呂總年紀看起來也不大，跟自己年齡差不多的樣子，但他一承諾這件事，隔天就積極的一家一家銀行送件。而且在誼誼目瞪口呆中，真的有一家銀行針對她那間房子，願意核貸 100 萬元。

「100 萬耶！並且房子還是屬於我的，這怎麼可

能？」誼誼感到有些不可思議。

　　誼誼當然佩服得五體投地，不斷感謝呂總。接著她準備去圓夢了，有了錢，誼誼去原本就已物色到的一處地點張羅。那是位在菜市場的一間服飾店，她用 50 萬元頂了下來，身上甚至還可以保留 50 萬元做為預備金。然後也有模有樣的裝潢起店面、跑臺北五分埔收購衣服等等，真正的開店當起老闆娘了。

　　開店那天，誼誼的父母及幾個親族都來了，現場也有個簡單的開幕剪綵，真正目的還是要讓父母感到風光。當然，大恩人呂總也要邀請到場，請他發表一點感言。

　　結果那天呂總反倒私底下跟誼誼講了一些不很中聽的話，呂總毫不客氣的直言：「黃小姐，妳覺得這家店做得起來嗎？依我看，這非長久之計。妳想想，這裡賣的衣服都是五分埔批來的，一件幾百元，每賣一件妳賺得了多少錢？更何況這裡也不可能賣高價衣服，因為這裡是菜市場。妳這店不用店租嗎？賣衣服的錢扣掉店租

能剩下多少？我真的不抱什麼希望。」

　　看在呂總曾幫她的分上，誼誼也只是禮貌性聽聽，心中仍抱著她的老闆夢。但感覺這呂總人真的很誠懇，又聽他總是說自己是房地產投資專家，當下，誼誼就委請呂總：「那這樣好了，我還有 50 萬元預備金，這 50 萬元交給您，呂總就幫我看看可以做怎樣的投資吧！」

介 請讓我當你的員工

　　誼誼很感動，因為呂總做事真的很認真。當初說要增貸就幫她增貸，現在說要投資，也真的每天都有進度。

　　很快地，呂總跟誼誼說，桃園大有路附近有間屋齡約 20 年的房子，他準備投資。誼誼反正也不懂房地產，就一切委託呂總處理，房屋購入後，也是透過呂總協助修繕、裝潢，然後開賣。

　　過了一個月，自己的服飾店生意真的如同呂總所說，不能成什麼氣候。正煩惱時，忽然呂總通知：「黃

小姐，妳的房子有買方看中了，若沒有什麼其他狀況，今晚就會簽約。」

簽約？這件事聽起來像做夢，但卻真的發生了，那間房子當晚真的簽約成交。帶著一點點好奇，誼誼問：「那我會有獲利嗎？」內心其實想著，投資 50 萬元，想什麼獲利？做白日夢比較快。

但結果呂總卻告訴她：「扣除所有稅費及成本等等，我算算，妳大概還有獲利 50 萬元，也就是說，除了當初的本金 50 萬元，現在又多 50 萬元。」

除了「神奇」兩個字，當下誼誼已經不知道該說什麼了，這件事已經超越她的過往經歷認知。

再次地，誼誼失眠了。她開始真的認真去想，原來人生發展有這麼條出路。

她只投資 50 萬元，事實上，那 50 萬元也不是她的，而是向銀行增貸的，所以她實際上一毛錢都沒出。也就是說，她不用出任何錢，最後卻可以靠著投資「賺到」

50 萬元。

　　這不是奇蹟，依照呂總的說法，這是他的專長，也就是這件事是可以持續做到的。

　　那晚，誼誼想了一夜，天亮了，她已打定主意。她知道，人生能否翻身就看這次了，上天送來了貴人，我如果不好好把握，就太對不起自己了。

　　隔了幾天，當時仍叫做積富房屋的門市，誼誼小姐再次出現了。呂總以為她是來謝謝他的，或是要委託新案子。沒想到誼誼先是表情嚴肅，像是下了重大決心般看著呂總，然後深深一鞠躬，對呂總說：「呂先生，我已經依照您的建議，我把店頂讓掉了。從今以後，我希望有機會加入您的公司，讓我當您的員工，我願意學習怎樣銷售房子，以及怎樣投資房地產賺大錢。」

　　其實在那之前，愛家的誼誼，也已經和父母及姊妹們長談了這件事。那時過往殯葬業認識的朋友，看中誼誼的管理長才，想重金禮聘誼誼去大陸擔任幹部，喊出

的薪水是月薪 10 萬元臺幣。誼誼和家人聊到這個選擇，以及她想來呂總這邊學習的心，姊妹們意見紛紜，最後還是媽媽提出中肯的意見。

媽媽說：「誼誼啊！妳若去大陸發展，媽媽會擔心，何況兩個小孩怎麼辦？這樣吧！那位呂總既然妳說人不錯又很有本事，妳何不去那裡試試看工作一個月，若工作不適應，再去大陸發展也還來得及。」

說得有理，就這樣，誼誼此刻站在呂總面前，恭恭敬敬的說：「請讓我當您的員工。」

請妳協助管理我的公司

於是誼誼到積富房屋報到，但房仲業就是房仲業，是標準的業務導向行業。

誼誼這個人，過往約 20 年都是擔任內勤工作，不擅交際，口才也不好。那是 2009 年的冬天，既然是自己要加入的，呂總也不會對她另眼看待，一切照規定來。誼

誼自己表示要擔任業務，並且是沒底薪的業務，這是她自己的選擇，呂總也尊重。

接著怎麼辦？當年的積富房屋，其實就是典型的房仲公司，當年的呂原富也只是個認真的業務好手，尚未擔任講師。誼誼這個新人，在公司自然有前輩可以帶，但什麼都不會的誼誼，前輩們有自己的業績要顧，也沒空專心教她，誼誼也覺得自己不想當個拖油瓶，要自己做出成績。

可是實務上，她真的一點業務細胞都沒有，光說去拜訪社區，她連跟管理員講「要進去看看」這句話都會臉紅，更別說要挨家挨戶的洽商有無房屋要處理。甚至連找地址也經常迷路，還常出現拿著鑰匙卻走錯社區、門打不開的糗事。這是有業績才有飯吃的工作，再這樣下去，誼誼就快被這產業淘汰了。

還好天不絕人路，誼誼不擅業務，但她擅長行政管理，並且她還是個電腦高手，過往也勤於去進修補習最

新的電腦應用資訊。

　　2009 這年，也恰好是 591 房屋網等平臺開始興起，而大半業務仍還是依照傳統方式做廣告的時代。誼誼於是改變戰略，她摸熟租屋網的規則，選擇在這些平臺登廣告，有的需要廣告費，有的還是免費的。不論如何，誼誼靠著之前投資房子的獲利，還有點錢，她自掏腰包跟這些平臺購買廣告，一次購買五、六十則還有特價。

　　有了這樣的平臺，她就可以把公司的案件都 PO 上去，並且誼誼很擅長寫美美的文案，一般廣告都只是寫「吉屋出售」之類的，但誼誼的廣告會創造願景，寫一些「環境優，帶給你優質好生活」等令人遐想的廣告，加上她也用心找圖再製作美工，貼在網站上。很快地，她的網路行銷戰略有了反應了，手機電話開始響不停，都是指名找她看屋的。

　　一開始她也帶人看屋，但一次、兩次她發現，房子老是無法成交。有的客戶她帶了好幾間，對方都不滿意，

追根究柢，就是因為誼誼根本沒有足夠的口才說服力，無法促進成交。

怎麼辦呢？誼誼想到一個好方法，如果自己不擅長業務，那好吧！自己還是待室內，一旦有案子進來，就交給其他業務能力強的同事，如果成交就兩人均分，不！誼誼只要拿三分之一就好，大部分的利潤給業務。

就這樣，對業務來說，誼誼可以提供源源不絕的客源，而誼誼只要在辦公室負責對外廣宣就好，彼此合作都很愉快。

一開始，呂總只把誼誼當做普通員工，並且在內心裡想著，看妳是否有毅力撐到成功？他看見誼誼似乎每天都待在室內，內心有點不以為然，但又不方便說什麼，他自己每天大部分在外面跑，也沒空去管太多。

沒想到隔月月底看業績報表，誼誼竟然可以領十幾萬元。這讓呂總納悶了，發生什麼事？她怎麼收入那麼高？於是鄭重地找誼誼來聊天，這才發現誼誼這麼的聰

明。經過更深入的了解，也才知道以前誼誼當過大企業的管理部經理，關於管理的事，她樣樣精通。

這一次換呂總要求誼誼了。

「黃小姐，那麼我鄭重提出請求，我想賦予妳更重要的任務，我希望妳協助我有關公司的內部管理提升工作，讓我可以更專心的去拓展事業。讓我們把積富房屋發展得更有規模，一起把事業做大。」

從那天起，誼誼一躍成為這家公司的高階經理人，一開始她掛名的頭銜則是總經理祕書，經過再幾年的歷練，才當上副總。

介 公司規模開始擴大

呂總讓黃誼誼承擔更大責任的這項決策，後來的確讓企業有了更快速的成長。

誼誼本就是有著多年行政歷練的高手，讓她做這方面工作如魚得水，很快地，她讓這家本來沒什麼制度的

公司煥然一新。她幫公司擬訂了具體的管理規章，並規劃一系列的教育訓練。在那之前，她更是因應呂總的擴張策略，負責整體的人才應徵招募。

一開始積富還是小公司，誼誼這個總管雖掛名祕書，但管理的事情很多，包括業務案件管控、公司形象廣宣，也要支援業務的後勤。特別是應徵新人，這是當時非常重要的事，呂總決定擴大公司規模，公司需要大量業務，誼誼第一步雖然也是刊登人力銀行，但她有她的策略方向。

首先，她在文案上再次發揮專長，別家公司徵人只是死板板的寫些「福利好、制度優」等等。誼誼卻是寫很多情境式內容，她會寫：「你想要擁有不一樣的人生嗎？你希望你每個月能賺多少錢？」

甚至她還會針對不同產業在不同平臺刊登廣告，好比當年科技公司低迷，有「無薪假」這樣的名詞，誼誼針對這個族群的文案就寫著：「想要找個永遠不擔心被

裁員以及放無薪假的好工作嗎?」

　　不僅如此,誼誼熟知人力銀行的規則。她知道網頁若不更新,排序就會一天天往後,所以她很勤勞,每天更新應徵內容,因為只要應徵條件修改,就會被電腦視為「最新的廣告」,於是積富房屋的徵人廣告,總是位在搜尋的第一頁。

　　就這樣,很短的時間,就有超過兩百人來應徵,面對這些人,誼誼的培訓長才也發揮效力。她會一次邀請七、八個人到場,然後由她親自上臺簡報,做說明會勾勒願景,接著再一個個詳談,如此找出許多優秀的人才。

　　那個時期,也正是呂總的事業版圖逐漸擴大、需要更多人才的時候,誼誼副總在人力資源方面的貢獻,剛好搭配著呂總的事業成長。

　　大約半年時間,積富已經擴增到三家分店,當時公司裡就已有 150 個業務生力軍。過些年,甚至拓展到七、八家分店,到 2018 年拓展為億萬房產集團。

⌂ **全家都得到了幸福**

在談積富房屋如何轉型到如今億萬房產集團前，先來談談誼誼的投資理財。

當初誼誼會加入積富房屋，很重要原因就是佩服呂總的房地產投資。如今正式加入後，她更是全心和呂總學習。

她衷心覺得呂總真的是能力很強的人，那年代還沒有實價登錄，好比說逛一個社區，一般業務都不一定知道當地的行情。但呂總很厲害，他有豐富的經驗，去到哪都能清楚說出該地的房屋市場行情。

而且他做事真的很認真，全桃園地區的房仲都知道，有房子新資訊趕快報給呂總，因為他很會賣，要想成交房子找呂總最快。

並且呂總還很有愛心，包含當初他會幫忙誼誼，多少也是因為看不下去一個女子那麼可憐。之後誼誼跟著呂總投資，也經常看到呂總這種行俠仗義行徑，甚至他

還會自掏腰包去幫窮人解圍。

　　無論如何，誼誼想學投資，但一開始不免還是怕怕的，賺錢不容易啊！所以誼誼就是只先拿一點點資金，然後拜託呂總，可不可以跟呂總「合資」。而呂總真的速度超快，許多時候，一個月內呂總就可以轉手二、三十間房子，那些合資分潤，誼誼也很快就拿到。

　　由於手中資金變多，誼誼也更大膽了，插股的金額越來越大，終於後來她敢自己一個人獨資買房子了。反正只要有呂總做建議，買房子總是萬無一失。後來誼誼因為買屋賣屋經驗多了，她還可以建立自己的風格。自身本來就對設計有興趣，因此誼誼喜歡自己布置自己買來的房子，也因為賣相更好，房子能高價賣出。

　　而如果自己都成功了，愛家的誼誼，自然也願意讓自己家人賺到錢。於是也是一樣，一開始，自家人投資也是怕怕的，因此誼誼讓家人只出一些資金做實驗。隨著一次次投資成功，大家手上資金變多後，現在誼誼的

家族們，也都各自有了好的投資物件。

至 2019 年初為止，這八、九年來，光是誼誼自己家族這邊就買賣不下 200 間物件。也因此誼誼大大提升家中的生活，她讓原本住在貧窮鄉下的父母，親眼看到身邊周遭物質生活的改善。

孝順的誼誼，為了照顧年老的父母，邀請他們直接搬來桃園住，可以就近照顧。但父母長年都住大里，怕離家太遠不習慣。誼誼說：「沒關係，這樣吧！我先在桃園幫妳們買間房子，你們來住看看，如果住個幾個月真的不習慣，再回大里也不妨礙啊！」就這樣，誼誼把家人遷來桃園，她把整個家一切安頓得好好的。

就是這樣，一個原本在臺北擔任行政工作，曾經錢被騙光看不到未來，也擔心無法照顧家人的弱女子，如今已可以憑一己之力，改善全家的生活，不僅誼誼自己因為投資房地產成為千萬富翁，她的親族們，也都擁有了優質生活。

⌂ 要投入公眾演說嗎？

誼誼很佩服呂總的投資眼光，但呂總的境界遠見竟不只如此，後來億萬房產集團的轉型，也讓誼誼看到呂總做事業是如何充滿毅力。

時序來到 2014 年，也就是房地合一稅登場，帶來一片哀鴻遍野的那年，曾經的房市榮景，就在那年經歷翻天覆地，許多仲介業紛紛倒閉，投資客也一個個退場。

同時間，積富房屋的情況呢？受到大環境的影響，積富房屋多少也受到波及，分店數當時只剩三家，但人數仍有一百五十幾人。

那時呂總的心思在哪裡呢？他清楚地告訴誼誼以及所有同仁，公司一定要轉型，只是如何轉型，一時間也還沒有個定論。

另外，呂總他看到大環境慘澹，許多人似乎對人生失去信心，他覺得做人不該如此，一碰到挫折就喪志，但他該怎麼幫助世人呢？

當大環境因房地合一稅帶來的房市萎縮，甚至成交量曾跌到只剩過往最輝煌時代的四分之一，呂總時時刻刻想著的是，該如何反敗為勝。

當時透過大量閱讀及聽演講，也在網路上接觸到各種專題演講，其中某位老師的話讓呂總心有戚戚焉。那位老師說：「成功的方式除了透過閱讀學習等吸收這些占95％比例的知識之外，還有一種就是透過公眾演說。」

呂總之前較少聽過這個領域，過往主要焦點都是擺在努力衝市場業績，如今知道公眾演說可以帶來成功，他就開始去研究這件事。

一開始這樣的理念很難被員工接受，大家心想：「我們是仲介公司，跟公眾演說有什麼關係呢？」當時甚至有50％的員工選擇離職，但呂總仍堅持著要改變，他心想：「反正若照原狀持續走下去，結果是看不到未來，與其如此，我不如嘗試這條新路。」他就是要開始投入公眾演說。

但這件事哪有這麼容易？一開始畢竟還默默無名，他在各場合公眾演說「投資學」，反應並不好。但事後證明，這種演說不但可以為公司帶來生機，也真的可以改變聽眾觀念，進而幫助他們。

逐漸地，市場反應加溫，整個情況反轉，從一開始的臺下聽眾寥寥無幾，到後來透過口碑效應，變成場場爆滿。呂總靠著他的堅定毅力，讓公眾演說帶來的改變真正實現，從 2014 年到 2018 年底，已經幫助超過 2000 個學員，投資的物件也上千件了。

跟坊間其他房地產講座最大的差別，億萬富翁培訓機構不只上課，並且還實地帶著你做。放眼全臺灣，只有億萬房產集團可以做到，真的有自己的團隊，可以親自帶著學員做。

在這裡，不但有呂總以及其他專家分享投資房地產專業，更重要的是，講座完後有看屋實務，由團隊真正帶領學員去看一個個待賣的物件，乃至於後續的真正買

屋以及種種的從貸款、租屋、節稅、裝潢到法務等所有環節，都有團隊相扶持。

這在當時是全新的概念，這幾年來，全國也沒有其他公司可以仿效成功，因為這要投資很大的成本。以億萬房產集團來說，培訓機構每個月要投入五、六百萬元的成本，這不只需要專業，也要有錢、有人、有毅力。

培訓機構最起初的心願，除了一方面想要讓自己團隊業績能夠平穩，另一方面又可以幫助客戶投資成功，後來變成可以幫助更多人實現夢想。透過呂總所帶領團隊的付出，讓學員們在不景氣的時候，依然可以透過投資房地產改善人生。

之後隨著學員增加，公司必然要增加客服人員，這樣可以處理有關會員權利義務的事。而當越來越多學員都想要參與投資，公司也要相應地擴增相關工作人員，包括尋找物件的業務團隊、房子代管代租的管理團隊、懂得貸款專業的團隊、懂得房屋裝潢的團隊等等。

　　對誼誼來說，她最欣慰的還是可以天天陪伴自己的家人，看著自己父母開心的樣子，也是誼誼這一輩子最感到幸福的時候。

　　幸福是需要努力爭取的，誼誼做到了，她也衷心感恩一輩子的大恩人呂原富總經理。她和積富房屋以及億萬富翁團隊成長的歷程，就是一段幸福的歷程。

　　她如今的人生使命，也是跟隨呂總協助億萬房產集團幫助至少 10000 人，成就買屋致富圓夢的生命新境界。

第十一章　案例分享四：
億萬事業源於強大的內心力量

　　我眼中的弟弟，表面上看起來木訥文靜，是個再平凡不過的人。但實際上，從小他就是個腦筋動很快、心中也總是充滿企圖心的人。

　　我想，所謂成功者，重要的是看內心的力量，我們看到有的人，看起來雄姿英發，或者經營事業有霸氣，結果一旦碰到挫折挑戰，就整個一蹶不振，反倒是像呂總這樣的人，看似平凡，內心的力量卻異常強大，碰到常人無法忍受的壓力，他也可以勇敢地承受，並堅定的走出一條路。

　　也許大家認為這是個一般的成功者故事，但我本人是親身看著他從落敗到成功的每個歷程，

我可以說是全世界唯一看著他從小時候到如今持續奮鬥所有過程的人。

　　雖然他是我弟弟，但我這做哥哥的，也不得不衷心對他感到佩服，願意全心加入他的事業，輔佐這個令人佩服的呂總。

億萬房產集團協理　呂原彰

　　前面三位分別透過投資、業務、經營等角度，分享親身在億萬房產集團的成長經歷後。最後邀請的這位壓軸，是位更貼近呂總，更能感受呂總種種令人敬佩特質的人，他就是呂總的親哥哥——呂原彰。

⌂ 闖蕩貿易事業有成

　　同樣是呂家人，有一個會彈琴的母親。因此，呂原彰理所當然地，也接受了母親的教導，他也是一個彈琴高手。而兩兄弟最終也都看到，光靠彈琴無法賺取長久

的生計，之後分別朝往不同的領域發展。

　　因個性的不同，呂總後來投入房地產業，從基層房仲業務做起，後來一步步創建自己的事業。呂原彰同樣也是跑去做業務，但偏向 B to B 貿易體系，而非針對一般消費者陌生開發，無論如何，兩人都闖出一片天。

　　當年原彰投入的領域，也是一個前途看好的領域，那個產業至今依然是當紅產業，那就是醫藥業。比起呂總，個性更加內斂的原彰，也許不是個具霸氣的人，但憑著肯幹實幹，並且樂於靠雙腿勤跑客戶，建立關係，原彰在藥廠做出好成績，也升任到經理職。

　　然而到了要更上一層樓階段，他碰到了人生抉擇，若要在公司擔任高階主管，就代表每天的工作重心是在內勤管理，但年輕人原彰更想要的，還是多看看這個世界。是要選擇更大的頭銜，坐鎮公司總部？還是繼續擔任業務工作，在外頭跑客戶呢？原彰選擇後者，但這樣的選擇，似乎就讓他人生發展卡在這裡，總之，是個兩

難。最終，原彰乾脆選擇趁年輕再去闖蕩其他的領域，
於是他離開了藥廠，之後投身貿易領域的工作。

　　本身很喜歡看電影的原彰，長久以來就嚮往著電影
中那種四處遨遊的生活，世界那麼大，怎可以一輩子都
守在面積有限的島嶼呢？

　　當然，說要環遊世界，那是純浪漫的想法，但如果
投身國際貿易，不就可以工作之餘，走逛世界各地嗎？
這是原彰選擇國際貿易這行的初衷，後來憑著實力，他
也找到這方面工作，並且很投入其中。

　　貿易是 B to B 型的業務，重視的是企業與企業間的
談判以及建立長遠關係，一旦關係建立後，接著是實質
的進出貨，中間的種種流程，如報關、出貨、驗貨等，
考驗的不僅僅是交際手腕，也要重視細心度。

　　原彰的貿易主力商品是皮革，身為產業鏈上游，若
皮革源頭貨品有誤，後續就無法有好的皮革製品，於是
原彰必須經常出國找貨看貨，這滿足了他去世界各地走

逛的心願。近的如泰國、越南，遠的如義大利、美國，
經過原彰這裡認真的把關，之後才能進口好的皮革，最
後銷給國內的家具工廠。

　　在這行做出心得後，原彰自己也跟朋友投資一家沙
發工廠。基本上，原彰服務的公司是最上游，進口皮革。
他自己投資的工廠，是製作沙發，是中游。最後這些沙
發賣給全國的通路，也就是各大家具賣場，那些就是下
游。原彰不但在一個產業做出信譽，本身也擁有自己的
廠，算是個老闆。人生至此，也算有一定的成就了。

　　但最終，他為何還是選擇加入億萬房產集團呢？

⌂ 加入助人且又能賺錢的事業

　　如同億萬房產集團前資深業務主管張瓊玲以及副總
黃誼誼一般，最初原彰和呂總的合作關係，就是接受呂
總的指導，參與投資買屋。

　　學習投資，起始於 2011 年，那時候呂總本身也還在

事業起步階段，經營小小的房仲事業，感覺上也沒有比原彰自己的事業勝出什麼。但原彰那時就覺得，原來投資房地產，竟然可以那麼快速地累積財富。

在原本的事業上，苦心經營，雖然也賺得相應的財富，但投資房地產，卻是在不影響這些事業經營下，繼續地帶來獲利，且投報率驚人的高。例如他跟著呂總投資一筆錢買間房子，當時不到四個月就轉手再賣出，當下就賺了好幾十萬元。

在投資過程中，呂總也屢次邀請哥哥原彰一起投入房地產事業，因為這是個很有遠景的事業。同時間，隨著年紀越大，原彰也覺得，一年到頭跑海外驗貨，的確感到越來越疲憊。

在自己的工廠確認有一定的通路合作基礎了，合夥人在這方面配合也都非常得心應手後，原彰就想著，何不試試看加入弟弟的事業，反正也不影響自己的工廠繼續運作。他也眼看著弟弟的事業真的日漸蓬勃，終於在

2014 年，他正式加入積富房屋。

一開始公司規模不大，原彰擔任的是開發部協理。隨著案件越來越多，集團設立了教育培訓平臺，原彰也是這個培訓平臺的創始成員，至今都是億萬團隊重要的培訓高階主管。他不只協助培訓，更重要的，隨著平臺更加擴大，如今學員已經超過 2500 人，原彰要協助管理這些學員，輔導學員們處理各種的問題，他也成為讓億萬房產集團成長的重要幹部。

至此，原彰也發現，當年他為何願意加入弟弟呂總的事業。除了想協助親弟弟拓展事業外，主要是因為這個產業可以直接幫助更多的人，當他親眼看見一個個原本生命平凡、領有限薪水為生計所苦惱的年輕人，因為加入億萬房產集團而改變人生，這時候帶來的感動力，已經遠遠超越金錢價值可以衡量。

這是個讓自己時時刻刻感動的事業，原彰很感恩，弟弟呂總邀請他加入這樣助人且又能賺錢的事業。

⌂ 我那很不簡單的弟弟

從原本歐、美、亞走透透的貿易人，現在回歸來到一個固定場域變成管理人，原彰看見的是另一種世界。

他認為，年輕時以為到處走走看看，這才是世界，但現在他知道，所謂的世界觀，應該看重的是影響力，就好比臺灣的名人之一陳樹菊女士，她過往人生沒有出國幾次，但她的影響力卻真的跨國際。

如今的原彰也經常旅行，億萬房產集團本身也會辦理員工旅遊。但他更開心的，是看著億萬團隊幫助許多人致富，讓這許多人可以有能力帶他們全家人去旅遊。

目前原彰是億萬富翁訓練機構的重要幹部之一，所謂管理，包含著不只是公司的經營管理，也包括對所有學員的培訓管理。而持續跟著弟弟呂總學習，現在原彰對於法務以及貸款等不同領域，也已經是專家，這讓他可以協助學員們，解決不同層面的各類問題。

說起呂總，原彰也是衷心佩服，比較起來，原彰自

已是依循傳統模式，從基層打拚到一定的成績。但弟弟呂總卻是經歷過負債千萬元這樣的龐大壓力，而可以絕地重生，打造出一個新的事業版圖，這真的讓原彰覺得很不簡單。

對於呂總後來想投入公眾演說這塊領域，原彰一開始也覺得訝異，但秉持著一貫支持弟弟的態度，呂總決定做什麼，他就選擇支持他。特別是後來發展成一條龍的服務概念，從最初的投資學公眾演說，最後還可以真正幫助學員擁有財富，這樣的歷程，真的讓他覺得很棒。

身為呂總的親哥哥，畢竟是一家人，原彰有機會比其他集團員工看到更多的呂總生活面向。他看到的呂總，本身其實原本不擅長演講。所謂的公眾演說，目的應該是理念的分享，這不是只要訓練口才，懂得演講即可，而是要真的能夠傳遞那種內心強大的能量，為臺下聽者帶來改變。

當年呂總先是面臨大環境變局，想要讓公司轉型，

走出困境。後來能夠發揮那麼大的影響力，是逐步努力奠定基礎，然後才能開花結果。

最早的時候，還不擅長公眾演說的呂總，每天就是在家中勤練演講。特別是第一場演講前，他幾乎有大半年的時間，都是從早到晚不斷地練習練習，這讓身為哥哥的原彰，看得也很感動。

不只在家練，在辦公室有空檔時練，呂總當然也要召集員工，在員工面前演練。老實說，原彰覺得呂總那時演講功力還是不怎樣，至少和外頭各種課程的講師比起來，呂總少了那種臺上演講明星的態勢，但他的誠意是感人的。

公眾演說開始啟動後，一開始臺下聽眾真的不多，甚至後來有段時間每況愈下，到場聽講的人甚至比工作人員還少。這讓原彰內心也壓力很大，反倒呂總始終不改其衷，仍堅持一場一場講下去。他說，就算全場只有一個聽眾，他也要認認真真的在臺上做完演講。

終於，呂總的影響力發揮了，之後的演講場次，參加學員越來越多，最後是場場報名都爆滿。過程中，呂總自己也出書，從第一集到第二集，然後到現在的第三集。呂總真的做到「建立一個信念，用心拓展出去。」他的目的就是要幫助大家都可以投資房屋賺到錢。

公眾演說的場合，以前最遠曾經到過高雄，但現在則是將重心專注在北部，也就是在臺北、新北、桃園、新竹這個縣市範圍，這樣也較能照顧到每個學員，為他們提供最好的服務品質。

看著公司不斷成長，原彰也感到內心很欣慰。在個人方面，原彰多年跟著呂總投資，自己目前手頭上也有八間房子，身價也累積到了數千萬元以上。

在許多年前，當呂總邀他加入時，原彰當時內心還有種種的掙扎。但如今呂原彰非常確認，億萬房產集團是個最棒的事業，是個既為自己帶來財富也為別人帶來財富的好事業。

　　希望有更多人共同加入，為自己創造更好的明天。

他要依循呂總訂下的使命，矢志協助億萬房產集團，幫

助至少 10000 人，達成投資買屋致富的夢想。

結語：
這些年我如何實現承諾，不斷成長？

⌂ 呂原富的事業感言

我始終認為，企業最大的責任，就是幫助這個社會。若連許多的陌生人我們都願意幫助了，更何況是自己的員工，給員工最好的福利保障一輩子的幸福，這是我認為一個企業最基本要做到的。

投入房地產十多年，我自己本身每年經手的物件數百件，截至 2018 年底，我自己本人擁有的房屋數量，也有至少 50 間。

對我來說，創造財富只是努力的必然，但我真正想要的是從幫助自己的企業及本身客戶出發，最終拓展影

響力，幫助更多人，進而幫助社會成長。比其人家說億萬房產集團是績效最好、獲利最高的企業，我更願意大家都舉起大拇指說，我們是帶給最多人幸福的企業。

幸福，才是目標，至於財富、健康、事業、成就感等等，都因此而有了依歸。

本書最後我要介紹我的企業及經營理念。

⌂ 讓你成為掌握趨勢的贏家

在前面曾提到趨勢的重要，現在，我要再次強調這件事，對於投資理財來說，讀者們絕對要牢記。

說起趨勢，很多人會表示，他們也知道趨勢重要。但重點是，趨勢要去哪裡找呢？是多看報章雜誌，還是多聽各種演講？

其實，在不同理財項目有不同的方法，或許在股票投資、期貨買賣等領域，趨勢可以藉由電腦軟體輔佐，透過精密算式畫出長短期曲線，然後做各種投資短中長

209

期規劃。

　　但唯有房地產投資，絕非「坐而談」就可以取得好結果，在各種理財項目中，房地產投資是絕對要「起而行」才能獲致真正資訊。即便上網密切蒐集，頂多也只能看到各地方的買賣市價行情，但屋況如何、當地的大環境如何、交易是否熱絡，都只有站在第一線才能感受得到。

　　這還只是資訊的部分，至於趨勢，那不但要在第一線，並且還要「長期」身處第一線，當然也要搭配經濟時事等等分析報導。可是那些都只能看到數據，好比某某區房價如何、哪裡有新建屋成案等等，但是否空屋率太高、實地買屋賣屋市況如何，仍然只有第一線人員才知道。

　　前面提到，要房地產投資成功，最核心的基石就是抓對趨勢。所以到底要如何充分掌握這第一線趨勢呢？

　　答案：「**數大**」就是關鍵。

一般我們都知道，業務人員培訓時，長官會交代，次數決定技術，拜訪客人次數多，成交量自然就會大，同時累積更豐富經驗。同樣的道理，在房地產領域，也一樣是「次數決定技術」。

普通的買屋者，如何決定次數呢？只能利用非工作時段，例如假日或晚上勤於看屋。但就算如此，所謂看屋，也是依照房仲給的情報，或者自己上 591 租屋網找資料。

如此，就算短時間內可以拜訪數十間房子，可是花了太多時間，最終仍無法掌握市場資訊。因為房地產市場太大了，一般非地產領域出身的消費者又如何能夠只透過勤看房子就累積足夠資訊，更別說是懂得趨勢了。

所以我透過多年來的研究觀察，了解到房地買賣的一個最大困局，那就是消費者永遠在太少的資訊情報下，必須決定關係著一生幸福的房地產買賣。

我本身已經有將近 15 年的房地產買賣及投資經歷，所以我可以說是這方面的專家。特別是大桃園地區，我，呂原富若自稱是最懂當地房市行情的人，相信也沒有什麼人會反對，這是我深耕多年來的成果。

但畢竟我只是一個人，就算我帶領的業務團隊，每個人若是業績導向，那也只是依賴他們個別的業務資源。這樣的資源對個別想要投資房地產的朋友來說，幫助有限，更何況我是真心想要幫助更多人透過房地產投資達到人生成功。

也因此，我當初想到要設立億萬富翁培訓機構，背景因素之一，就是要將「數大」的力量聚合在一起，並且這些力量，都可以作為投資朋友的助力。

想想，原本靠自己找房子多辛苦啊？如果找仲介朋友，每位仲介也只有他自己手上有限的案子。在業績考量下，一般仲介絕不會以你的未來幸福為第一優先，而會以他自己的業績額為首要考量。他會介紹的房子是他

希望可以成交累計業績的資本，而非針對你這個買屋者真正的投資理財規劃。

但現在，不是一個業務幫你服務，也不只是一家公司（一個店面大約五到十幾個人）幫你服務，而是真的有至少 250 個人幫你服務，那差別有多大呢？

平常當我們去仲介公司尋求服務時，對方肯定熱情地說：「我們整家店的人員都會為你效勞。」實際上你我都知道，為了業績考量，某甲的客戶，某乙就不太會去幫忙。

只有在億萬房產集團，透過我創立的制度，真正做到，我們可以真的動員這 250 個人的力量，提供你全方位的服務。不僅僅是買屋賣屋，也包含貸款、節稅，乃至於投資規劃等等。

這也只有透過我這樣有豐富實戰經驗，結合我桃園在地的豐富資源，加上很有心要為想成功的朋友做一番事業，才能設立這樣的機構。由我主導，一聲令下，每

個業務有好的物件，都會送到中心來。

　　一般業務，一個月可以找到兩、三個低價物件已經很了不起了，現在有 250 個人，加起來的物件數字每個月都有幾十個。就是因為如此，我可以確保加入億萬房產集團旗下培訓機構的學員，能得到最充分的資訊，最具體的人力和專業支援。

　　當然，為了善用這樣的資源，所有這種一條龍全方位的服務，只限加入億萬房產集團旗下培訓機構的正式會員。

如果你擁有這樣的團隊

　　我從 2005 年 4 月開始進入房地產行業，到本書出版的這一年，已經邁入第 14 年。我親眼看到，這十多年大環境有了重大的變化，也了解到，當景氣繁榮時，那些專家們說什麼都對。但到了 2014 年後，房市景氣開始下滑，很多的投資理論就都碰壁，或者必須大幅修正。

但買屋對許多人來說是一輩子的大事，怎可以單純仰賴景氣變遷？

有一個讓我非常感嘆的真實案例。

那一天，有位年輕朋友哭喪著臉來找我，他之前沒有加入億萬富翁培訓機構，只憑著一般地「買低賣高」觀念在新北市投資房子，終於碰到嚴重狀況。

他告訴我：「呂總，怎麼辦？我兩年前在淡水買了一間預售屋，就小家庭住的那種大樓住宅。當時知道每坪的行情比當地正常行情要低個 2、3 萬元，我心想這不是賺到了嗎？沒想到兩年過去，即將交屋了，這時候我去銀行談貸款，卻聽到一個晴天霹靂般的訊息。我那間總價 830 萬元的房子，銀行評估後，竟然只願意貸款 460 萬元。一時間，我的貸款準備金要多付 200 多萬元，我該怎麼辦？不是想法子籌錢，就是斷頭犧牲之前繳納的所有頭期款。哪條路都不對，該怎麼辦？」

老實說，對於這樣的案例，我除了設法幫他看可否

找到其他貸款額度高一點的銀行外，其餘能幫的也不多了。因為一開始他就選錯了地點，在趨勢不對下買了錯誤的房子，錯已鑄成，也不可能一切重來。

銀行只願意貸款 460 萬元，依照一般情況，銀行最多貸款八成，也就是說在銀行眼中，那間房子只值 580 萬元。為何只值 580 萬元的房子，這位年輕朋友當時卻以為用 800 多萬元買到是「賺到」呢？

原因有兩個，第一，他沒有尋求專人協助，只憑當時建商的代銷人員花言巧語，就把代銷人員的資訊當做主要的判斷依據。第二，實際上也的確這兩年間，臺灣房市不景氣，新北地區更是重災區。他買的淡水房子也被波及，價格節節下滑。

這麼一位刻苦打拚、上進的年輕人，除了正職外還兼兩份工作，為的無非是早點成家，並且也讓自己父母安心。但卻只因為不懂房地產資訊，不了解趨勢，建商也只為了業績不告訴他實情，造成現在他要多背負 200

多萬元的債。別人是兩年內靠正確投資賺 2、300 萬元，
他卻是平日辛勤工作，但一轉眼聽到噩耗，身上背負龐
大債務。

　　這樣的事情是否常常發生？是的，相信不只這位朋
友，很多南北各地的年輕人，他們不相信輿論所說的「一
輩子不吃不喝也買不起房子」。但一頭栽入錯誤的投資，
卻變得比那些「買不起房子」的其他人還慘，至少那些
買不起房子的，還不用背負那麼大筆的債務呢！

　　所以億萬房產集團成立的使命之一，就是想要避免
有更多這類的悲劇發生。

　　我知道許多人一輩子的最大夢想之一，就是擁有自
己的家。這個願望很卑微，就只是擁有一個自己和親人
可以安身立命的所在，但為何這渺小的願望如此難實現
呢？億萬房產集團的創立，正可以解決這類問題，分成
幾個階段：

一、當你開始想買屋的時候，就有專人協助

如果是億萬房產集團的會員，甚至我本人都會親自和他一對一諮商，或者至少我們這邊的一級高階主管，也會做到和他當面溝通。

藉由了解他的財務狀況、買屋夢想，以及種種的需求，為他量身規劃最適合的買賣物件。

二、確認買方需求要件後，就能篩選合適的物件

透過多達 250 人團隊的強大搜尋力，毫無疑問地可以在很短的時間內，找出許多的物件供這位朋友挑選。這些物件自然也都已經查核過，是這位朋友可以負擔得起的。

至於後續的看屋流程，也都是專人陪同，並做現場導覽和分析。

三、選中物件後，各個環節都會做全程支援

包括和賣方洽談議價，以及最重要的找到正確銀行提供最適合的貸款。這個環節很重要，卻也是很多買屋者忽略的，很多人花了大部分時間尋找好房子，直到最終要談貸款時，才發現事情麻煩了，根本付不出頭期款。

在我們專業團隊的輔助下，不會有這類問題，在事前已經經過諮商，之後也有貸款協助，絕對可以讓買屋者得到最佳的購屋條件。

四、擁有房子後，各種待辦事項環節都無後顧之憂

購屋後的許多後續待辦事項，往往投資人自己都不知道該怎麼辦，畢竟他原始的願望就是「買屋」，但屋子買了後，該不該裝潢？該怎樣招租？租金怎麼設定？去哪兒找房客，找到房客又怎麼審核？如果家住臺北，但買屋在桃園，又怎麼遠距管理屋子呢？

還好，我們團隊把這些環節早就想到了，不只想到，

並且已經設立專業的部門，這裡不只有業務部負責洽商房屋買賣事宜，還有管理部協助物件代管。不僅僅處理房屋出租，也協助後續房客的種種狀況，讓投資人無後顧之憂。

五、購屋後的各項問題，都有專人協助

首先碰到的是報稅問題，房子剛買下來那年要怎麼報稅？房子租出去了要怎麼報稅？遇到特殊狀況，好比說冷氣壞了、房子漏水或者有鄰居申訴房客太吵，該怎麼處理？

凡此種種，每一件事當買屋的人碰到時，難免都會手足無措。還好，他不是一個人，後面有整個團隊做支撐，無論稅務、租屋糾紛，或者各種修繕，都有專家會出來協助。

六、購屋就是要賺投資報酬，更有專人諮詢

包括每個月（在客戶方便的情況下）召開投資會議，告知目前屋況、招租情形、大環境房價趨勢等等。而且還會具體的提供建議，例如建議房子在什麼價位下可以脫手，或列出時程表，預計這間房子持有期間幾年，然後預計可以怎樣賣出，賺多少投資報酬。拿到的現金還可以繼續投資，以錢滾錢的方式生財。

是的，相對於前面那位可憐兮兮的年輕人，後面這個背後有 250 人團隊服務的青年是不是幸福得太多了？

這就是我的夢想，我想要幫助更多人圓夢，而事實上，這件事也真的在進行，如今已經幫助上千人。

⌂ 我那一場又一場的演講

億萬富翁培訓機構是從 2014 年開始的，發展越來越大。如同我的人生，是由負債千萬元，到後來逐漸翻轉奠定現在實力般，這個機構一開始也是非常克難經營，

221

但如今已經變成一個很大的團隊，會員有超過 2000 人，投資的物件上千件。

最早的時候，如同我第一本書裡許下的心願，我後來開始做公眾演說，因為那時候，我只希望在企業拓展之後，也可以幫助更多的人。而我想到的方法，就是透過公眾演說，讓更多人了解如何投資房地產致富。

一開始真的聽眾有限，甚至最慘的時候，當我站在臺上，放眼臺下只有小貓兩三隻。但不論人多人少，我就是一次又一次的上臺講，因為我的心願之一就是助人圓夢，就算只有幾個人聽，能幫助這幾個人也是好的。

或許是我的真誠感動上天，隨著我不懈怠的南北奔走到處演講，傳達正確理財投資房屋的觀念，不知不覺的，臺下聽眾越來越多，乃至於到後來，往往一開啟網站報名系統，立刻就額滿。

再後來隨著會員越來越多，相應的工作團隊也要擴大。在這樣的過程中，也發現到如果想要幫助更多的人，

那麼我們提供的資源也要更大、更集中。因此，後來終於發展出現在這般擁有七個部門、超過 250 個專業人員的億萬房產集團。

每當有人問我：「呂總，你為何那麼好心，既出書又開課教學的？」

論起收入，其實我如果單純做房地產投資，反倒可以賺得更多更快。何苦要花那麼多工夫，去幫助別人賺錢？原本不擅演講的我，還必須花好多時間勤練。

就算到現在，我仍自認我演講口條不是很好，遠遠比不上那些專業講師。但即便如此，我仍不辭辛勞、不分晴雨的，一年四季，一場又一場的講下去。

因為我只想證明一件事。

我，呂原富，從 29 歲負債 1000 多萬元開始，一路走到今天創立這樣大的機構。如果像我這樣只有國中畢業低學歷、再平凡不過的平凡人，都可以靠自己力量，學習投資房地產，賺到這麼多錢，並且創立 250 人的企

業體。那我相信，以我自身的例子，可以做出清楚的證明：我能，你也能。

為什麼我要如此不辭辛勞的演講？因為我非常肯定，正確投資房地產這件事，人人都可以做得到，重點是你有沒有想要用心在這裡。不要再被過往的偏見所束縛，什麼年輕人永遠買不起房子，什麼買房子就要背負一生的貸款等等。

我鼓勵大家來上課，要不要來投資是一回事，但至少我希望你們有機會來學習到正確的觀念。我一方面希望不敢投資的人，可以來此吸收到正確理念，開始嘗試投資房地產。一方面也希望那些想投資卻又抱著錯誤觀念的人，能夠在犯錯前先來上我的課，否則一失足成千古恨，一旦選到不符趨勢的物件，會帶來真正龐大的債務負擔。我要讓這些原本就可以避免的傷害，提早被導正到正確投資方向。

桃園區可以買，這很明顯，因為一個有那麼好前景

的地方，現在竟然均價只要每坪 20 萬元不到（2018 年底，桃園區的房價，新成屋大約每坪 23-26 萬元出頭，中古屋是每坪 16-19 萬元）。

　　未來的發展，先不要夢想如同幾十年前的臺北，房價到今天漲了 10 倍。就算比擬類似的情況，好比是新北市捷運沿線，那價格也是漲了兩、三倍以上。

　　最後，就算再退一萬步來講，一開始沒漲那麼多，但每坪 10 幾萬元真的太低了，幾年內至少漲到超過 20 萬元，那就算只漲半倍，好比說本來 5、600 萬元，漲成 8、900 萬元，投資人也保證有不小的獲利。

　　我還要教導大家的，就是房子取得成本的重要，也就是貸款的重要。

　　這部份真的要專業，一般年輕人滿心歡喜的憑著一股熱血就去銀行談貸款，但銀行看的是房屋實際價值，不是專家很難真正談到好的貸款條件。

　　而好的貸款條件差別多大呢？以 500 萬元的房子為

例，正常情況，銀行貸八成，所以自備款要 100 萬元。假定這房子兩年後脫手，賣掉後還有淨利 50 萬元，那就是投資 100 萬元（自備款）賺到 50 萬元，投報率是50％。

但同樣的賣價，如果當初的自備款款只要 50 萬元，投報率就是 100％。再假如，我們就幫你談到根本不需要自備款款就能夠買到房子（這絕對是可能的），那麼讀者自己算算，投資是 0，回報率是 50 萬元，投報率到底是多少？

就是這樣的概念，有團隊協助的人，跟傳統自己買屋賣屋的人差別是很大的。可能一個人終身背著沉重負擔，做牛做馬到死，既享受不到生活，成了屋奴的他們，也不算真正圓夢。

相對的，另一個卻是用少少資金，就不斷錢滾錢，每幾年就多了一筆資產，到老都生活無虞，不但可以自己圓夢，也幫助其他人圓夢。

　　我如此甘願不辭勞苦一場又一場的演講下去，就是為了傳達這樣的理念，讓更多人找到真正的幸福。

找到對的場域，也就找到幸福

　　我相信每位讀者朋友在個別的領域，都有自己的專業，平日也經常進修，熱愛學習。但關於房地產投資這件事，真的還是要找專業。

　　俗話說：「行萬里路，勝讀萬卷書。」我覺得這句話特別適用在房地產行業，在這行若要長期投資理財致富，不是只靠書本知識或上網查資料就可以得到的。

　　但也不是要讀者真的要人人花許多工夫四處走透透看屋，這樣做的話，會耽誤每個人的本業，應該也不是許多人願意的。

　　結論還是那句話，交給專業團隊，就可以為你服務到好。但在此，我要分兩個層面來說。

一、對於純粹想學理財投資，進而改善生活的人來說

請絕對要信任專業。以買屋來說，我相信一個人不管自己看了多少書，但真正面對市場時，何時該買、何時該賣，多半仍是難以抉擇，特別是房地產買賣都是牽涉到百萬元以上的金額，人們都會擔憂。

經常我看到的情況是，有人買了房子後，就一直「守著」不敢動。其實這是受到傳統買屋觀念的影響，對以前的人來說，買房子是一輩子的大事，有人一輩子可能不只結一次婚，但房子卻就只有一棟，光繳貸款就耗掉一生。真的是所謂自簽約後，就和房子必須相處到「地老天荒」。

但每一位加入億萬富翁團隊的學員，都會得到我們每月的專業諮詢，我們當然不會規定會員幾年後要賣，畢竟決定權仍全權在個人手上。但以投資專業的角度，其實每個人都可以擺脫「房子就是一輩子負擔」這樣的舊觀念，也不用煩惱著每月貸款要繳個幾十年。

　　實務上，房子就是個既可以居住，但也是可以靈活應用的「理財工具」，進可攻退可守。而一個位在趨勢圈內的房子，最佳的投資理財方式，應該是不斷的藉由買低賣高以及適當的財務槓桿，創造出更多的財富。

　　把前面的房子以好價錢賣掉，又取得新的好物件，這樣的翻轉才能帶來更大的獲利。如果只是一味抱著房地產不敢動，雖然只要選對地段長期會大幅增值，但中間少了財富流通的更大彈性，會比較可惜。

　　當然，透過億萬房產集團的專業團隊協助，房子能夠得到租金收入，這是一種被動式收入。但這樣的現金流跟房子實際交易帶來的差價相比，仍然有一定差距。靠租金收入，扣掉每月貸款後，確實每月還能有一些收入，但房子賣掉再尋找其他物件的這個轉折間，收入可能數十萬元甚至百萬元計。

　　基本上，就是請投資的會員相信專業，就能帶來好利潤。

二、對於不僅僅是想要擁有投資理財前景，也想創造新職涯的人來說

我鼓勵肯學肯做也有理想抱負的人，可以認真考慮加入億萬房產集團的團隊，這裡的團隊不是只加入培訓機構的學員，相反地，是邀你成為「服務這些學員」的人。服務很重要，但邀你加入，更重要的一點，就是真的為你創造好的工作環境，以及更優質的工作福利和收入。

團隊最需要的，自然是業務人員，不論是買賣房屋或者尋找租客，這裡的市場正蓬勃，只要肯做的人，都會有很大的商機。

但更重要的，不同於一般的業務環境，要求業務人員每月以拚業績為導向，雖然人人喊著以客為尊，實務上業務都還是以自己荷包為優先考量。

在我的團隊裡，最重要的一件事反倒是服務客戶，為了加強這點，我首創案件集中式管理，這帶來兩個重

大的影響：

第一，因為集中式管理，我們可以在很快時間內掌握龐大的物件，所以億萬房產集團培訓機構的學員或客戶，總是有辦法比一般人快速得到更多的物件資訊，並有著很好的投資選擇。這和傳統業務各自盤據山頭的概念，是不一樣的。

第二，我們一方面集中式管理案件，一方面自然會照顧到每個業務。為何可以做到這一點，就是因為我們擁有億萬房產集團旗下培訓機構的上千學員，這些人都是潛在的買方。

雖然業務把案子匯報給總部，看似少了業務機會，實際上卻剛好相反，總部這邊會「源源不絕」的提供客源給業務。等於說，在億萬富翁團隊工作，有了基本的保障，而業績依然是歸給每位責屬的業務。

所以這真的是幸福的企業，因為：

1. 老闆是具備專業經驗，非常有業務能力，可以充分掌控至少桃園區市場的專家。

2. 老闆願意照顧每位員工福祉，因此業務人員在這裡可以成長，但業務壓力相對於其他企業又少很多。

3. 老闆保證每位團隊成員，在這裡會學到很多。因為億萬房產集團的專業團隊既然強調一條龍式的服務，這裡集合了有關房屋投資的各種知識專業。在一般房仲產業服務，業務就是業務，但在這裡，業務有機會學到貸款、稅務、裝潢等多樣學問。就算只是在業務本職上的各種經驗，我，呂原富也絕對可以扮演最佳導師的角色，跟著我，保證學很多。

4. 老闆是個有愛心願意付出的人，億萬房產集團公開承諾，每年一定將營業額的 1％ 捐出來做公益。請注意，是營業額，不是利潤喔！而關心

社會脈動的我，也年年帶領著團隊一年四季固定捐血，每年貢獻上百袋救人救命的血。跟著這樣有愛心的老闆，絕對可以讓每位成員走路有風，因為人人都對社會有做到貢獻，為自己的企業感到驕傲。

5. 最後，這是個年年成長、福利不斷提升的企業。年年成長指的是公司的營業額，但同時也是指每個團隊的一分子，不論是收入或福利每年都快速成長。億萬房產集團的年營業額，已經不輸給一些上市上櫃的公司了，同步成長的，自然包括億萬房產集團專業團隊的學員數，以及接受委託管理的投資物件數。這裡，也包括員工福利，一年比一年好。最早億萬房產集團創立時，那時非常忙碌，大家忙得連春節都要工作，但如今規模做出來了，也聘請更多員工分工合作。從創始隔年起，就開始舉辦國內的員

工旅遊，再隔年已經可以到海外旅遊，到了
2018 年，更是已經可以安排一年兩次的海外旅
遊，而且全程不必自費。

所以，這是一個真正的幸福企業。

想想，一個人來人生這一遭，求的是什麼？不就是
能夠帶給自己和家人幸福的日子，若行有餘力，還可以
對社會做出更多的貢獻。不論是成為我們的員工夥伴或
我們的學員，都可以達到這樣的目標。

幸福不是口號，幸福就是我們積極要為夥伴及學員
做到的事。這是承諾，如同我前面兩本書般，我信守承
諾。幸福，一定會實現。

⌂ 決心加實力打造億萬房產集團

買屋知識靠自己累積，追求實際投資成功靠團隊。

很好，這理論大家可以懂，全國的房仲業者也可以
仿效，但實際上卻很難做到，所以至今，也只有我所創

立的億萬房產集團做得到。

這牽涉到幾個關鍵。一是決心，二是實力。

對我來說，幫助自己的企業獲利，本是每個老闆應該要做的事。但要具備實力，才可以做得到，我的實力就是我們是全臺灣唯一擁有 250 人團隊的房地產投資教育訓練機構，在臺灣這不僅僅是最大，也是唯一。

有這樣的實力，並且還具備真誠的使命，我們不像許多企業僅將焦點放在企業本身成長。我們深知，要幫助客戶共好，才能帶來整體的事業蓬勃，因此一直以來，我們就積極地要協助我們的客戶，實務上，目前已經超過兩千位學員，都可以做見證。

我們真的是以「**幫助每個想要投資致富的人，從無到有，一步步做到成功**」為目的之專業房地產投資顧問及培訓機構。

所謂有決心，加上有實力，前者又比後者更重要。

我的決心來自於我的出身背景，看過我的書的人都

知道，我，呂原富，只有國中畢業，腦袋也沒特別好，是個出身貧困的平凡人。我曾經做過走唱事業，後來也從事業務工作，收入達到每月十幾二十萬元。

但就算如此，我卻依然過著入不敷出的日子，甚至後來還創業失敗，一貧如洗，有好多年過著沒有債信的日子。

如果就連這樣的我，後來都可以做到成功，從無到有，變成億萬富翁，創立億萬房產集團。那麼，這樣的我，若只是自己賺大錢，實在太浪費上天賜與給我的能力了。

因此我從早年創業開始，就已經許下宏願，我要運用我的企業幫助至少 10000 個人像我一樣投資房地產致富成功。這是我的決心，也是我已經透過書本做的公開承諾，放眼全臺灣，找不到第二個許下這樣宏願的房屋集團老闆。

以上是我的決心，至於我的實力，自不在話下。我

從無開始到變成億萬富翁，靠的就是我對房地產的全心投入。放眼我過往十多年的人生，我真的就是只專心做這件事，所有的出書、演講、訓練，也都是圍繞在這件事情上。

因此，我是全臺灣不僅僅在房屋銷售領域裡，做到充分實戰的老闆，同時，我還讓自己以及所有和我合作的人具體投資致富。

這中間，所有的每個環節，從房屋買賣租售到貸款、稅務、裝潢，我無役不與，如今我的集團，也都包含每個環節相應的單位及團隊。

我不只一次被同行問到，億萬房產集團到底是怎麼樣的組織架構，才能讓各個環節做的這麼好？

請看下面的圖示：

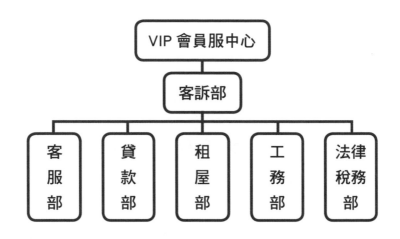

可以看到，整體組織涵蓋一個人想要成功投資房地產致富所需要的所有環節，而整個團隊，擁有超過 250人。當一個人加入團隊，他不是得到業務窗口的服務而已，而是這「全部 250 人」都為你服務。

這也是我有把握，透過億萬富翁團隊可以保證你成功致富的最大後援。

最後，感恩各位讀者願意學習，這裡再次宣示我的目標，是要幫助至少 10000 人投資房地產致富，也許，

你也可以是這 10000 人之一。

　　早知道，早幸福。

　　希望每位讀者，都是幸福的人。

從零開始賺一億 3：從觀念到實務讓你也可以從零開始賺出富裕成功的人生

作　　　　者	／呂原富
美 術 編 輯	／孤獨船長工作室
責 任 編 輯	／許典春‧簡心怡
企畫選書人	／賈俊國

總 　編　 輯	／賈俊國
副 總 編 輯	／蘇士尹
編　　　　輯	／高懿萩
行 銷 企 畫	／張莉滎‧廖可筠 ‧蕭羽猜

發 　行 　人	／何飛鵬
法 律 顧 問	／元禾法律事務所王子文律師
出　　　　版	／布克文化出版事業部

臺北市中山區民生東路二段 141 號 8 樓
電話：(02)2500-7008 傳真：(02)2502-7676
Email：sbooker.service@cite.com.tw

發　　　　行／英屬蓋曼群島商家庭傳媒股份有限公司城邦分公司
臺北市中山區民生東路二段 141 號 2 樓
書虫客服服務專線：(02)2500-7718；2500-7719
24 小時傳真專線：(02)2500-1990；2500-1991
劃撥帳號：19863813；戶名：書虫股份有限公司
讀者服務信箱：service@readingclub.com.tw

香港發行所／城邦（香港）出版集團有限公司
香港灣仔駱克道 193 號東超商業中心 1 樓
電話：+852-2508-6231 傳真：+852-2578-9337
Email：hkcite@biznetvigator.com

馬新發行所／城邦（馬新）出版集團 Cité （M） Sdn. Bhd.
41, Jalan Radin Anum, Bandar Baru Sri Petaling,
57000 Kuala Lumpur, Malaysia
電話：+603-9057-8822 傳真：+603-9057-6622
Email：cite@cite.com.my

印　　　　刷	／卡樂彩色製版印刷有限公司
初　　　　版	／2019 年 5 月
初 版 7 刷	／2020 年 9 月
售　　　　價	／300 元
Ｉ Ｓ Ｂ Ｎ	／978-957-9699-86-0

城邦讀書花園　布克文化
www.cite.com.tw　WWW.SBOOKER.COM.TW